ちくま文庫

ほんとうの味方のつくりかた

松浦弥太郎

JN259235

筑摩書房

ほんとうの味方のつくりかた　目次

I　自分の見つけかた

II　自分の持っているものを最高の味方にする

Ⅲ　人間関係のなかに味方を作る

ほんとうの味方のつくりかた

Ⅰ　自分の見つけかた

はじめに

この本を、僕にとって大切な若い友達に向けて書こうと思う。

過去にいく度も、仕事や暮らしにおいて、自分が行き詰まったとき、年上の人たちに教えてもらったことを、同じように僕もあなたにできるだけ正確に伝えたいと思ったからです。

たとえば、大工さんは簡単そうに壁にとんかちで釘を打ちますが、僕たちが見よう見まねでやっても、最初は釘を曲げてしまったり、きれいに打ち込めなかったりしますよね。しかし、ほんの少しのコツや考えかたを教えてもらって試してみると、すぐに大工さんと同じように、壁にきれいに釘を打つことができるようになります。そうすると壁に釘を打つことが楽しくなり、次には自分で木材を選び何かを作ってみようとも思うでしょう。そして、ひょっとしたらその先にはあなたの手によって大きな一軒の家が建ってしまうかもしれません。

これから書いていくことは、生きるために知っておくときっと役に立つ、僕からあなたへの本一冊分のレクチャーです。読んでいただき、「ああ、なるほど、そうするのか」、「そういうふうに考えるのか」と思うことがあったなら、ぜひ自分の仕事や暮らしの場で試してみてください。きっと今のあなたはもっと良い方向に変わっていくでしょう。

もっと良い方向に変わっていく？　そんな必要はないと考える人もいるでしょう。今、仕事において「成功をしているか、成功をしていないか」にこだわる人は多くはないかもしれません。成功していないからといって、それが人生を失敗しているとはいえないからです。そして、何をもって成功であり、何をもって失敗なのかも、人それぞれの定義があるからです。

僕自身も、それほど成功と失敗にはこだわっていません。それらはあくまでも結果であり、大切なのは何か目標に向かって努力したときのプロセスのなかにこそ、本当の意味での成功と失敗があるからです。残念なことに結果が目標に届かなかったとしても、そのプロセスが充実したものであれば、きっと自分の気持ちは落ち込むことはないでしょう。よくがんばった。この経験を次に生かそう、と考えることができるでしょう。

とはいえ、どんなこともスマートに、バランスよく、確実に「前進」という結果を出せる人はいるのです。そういう人を見ると、何が自分と違うのだろうと誰もが思うでしょう。それまでに学んだものや経験値、持って生まれたその人なりの哲学的センスがあるというのも違いの一つでしょうが、彼らは何を大切にしているのだろうと、僕は興味を持ちました。そこでお手本となる年上の人たちをよく観察してみたり、質問をして教えてもらったりしているうちに、はっと気がついたことがあります。

それは「自分にとっての味方」というキーワードでした。

どんなに実力がある人でも、どんなに資金に恵まれている人であっても、そして、どんなに才能がある人でも、味方の支えがなければ、翼のない鳥のようで、いくら羽ばたこうとしても空を自由に飛ぶことはできません。そう、味方とは、鳥にとっての翼であるのです。もし、あなたが、たくさんの努力をしているのに「成功している」とか「うまく前進している」という実感が持てないとしたら、それは、あなたの能力や行動に問題があるのではなくて、あなたにとっての味方が備わっていないからかもしれません。

「そんな大げさなことを言って……」と思われるかもしれませんが、自分を取りまくあらゆるすべてに「この人のために働こう」と思ってもらうためにはどうしたらよいのだろう。あるいは、自分の行ないや努力すべてに「この人を助けよう」と思ってもらうにはどうしたらよいのだろう。味方を作ることは決してむつかしくはありません。ぜひ正しい味方の作りかたを、あなたに学んでいただきたいし、僕自身これからも学び続けたいと思っています。いっしょに味方という大きな翼を手に入れようではありませんか。味方とはあなたがこれからの未来を豊かに羽ばたくために必要な翼なのです。

さて、話は少し変わりますが、なぜ僕たちは「仕事」をしなければならないのでしょう。僕はまず、どんな種類の仕事でも、その目的は「困っている人を助ける」ことだと考えています。困っている人のニーズによって仕事が生まれているからです。そうです。誰かの役に立ちたい、困っている人を助けたい、というのは仕事の基本であり、いわば人生の目的でもあるのです。そして知っておきたいのは、時代の流れとともに、つねに新しい「困る」が生まれているということです。仕事とは、その「困る」を誰よりも早く見つけ、誰よりも早く「助ける」ことでもあるのです。

地位が高い人や資産がある人、権力がある人や才能がある人、みんなそれぞれの人なりの問題を抱えています。困っていることにおいては、どの人も平等な人間であるというわけです。けれども、成功している人や、うまく行っている人というのは、困っていても、よくない方向には決していかない流れができています。なぜそうか——それは「正しい味方」を持っているからだと僕は思いました。つねに内から外から助けてくれる味方の存在があるから、彼らの人生は守られている、そう言えるのではないでしょうか。

弱くてもろい人間であるからこそ、心強い味方がいることで、一歩、前に出る勇気と力が湧くのです。長い人生をどのようにして歩んでいくか、その大問題の解決の鍵を握っているのが、あなたの「味方」なのです。

さて、あなたには味方がいますか？

結論から先に明かしましょう。必ず、あなたには味方がいます。そしてその味方は、人生のいろんな局面で陰となり日向となり、あなたの力になってくれるはずです。

ここでは、あなたの味方になってくれるものとは何か、それを自分で探すところから始めたいと思います。心配しないで大丈夫です。味方になってくれるものは必ずあります。それが何であるかをいっしょに学びましょう。

夢の実現に必要なものとは？

若い頃の僕は、「就職するなら、その会社の社長をめざさなければ、おもしろくない」と思っていました。「その会社が好きで就職したなら、そこで社長をめざさなければ、何のために就職したのかわからない」とも。

僕にとっての目標は、つねに一隻の船の船頭になること。当時の僕はふだんからいろいろな会社を観察しては、「もし自分がこの会社の社長だったら、今なら何を、どんな方法で、どうするだろう」と考えたり空想することを楽しみの一つにしていました。それは今でも社会を見渡し、情報に触れながら、無意識的にしている習慣になっています。

僕はよくこんなことを若い人に尋ねます。

「あなたの夢は何ですか？」

そう尋ねると、「夢ですか……。今の時代、ふつうに結婚して、ふつうに生きていければいいですよ」と答える人が多いのです。「ふつうでいい」。その気持ちはよくわかりますが、この広い世界に目を向ければ、もっと厳しい競争社会が待っていますし、その渦のなかではそれぞれが大きな夢を秘めていて、そんな夢を活力にして自分を奮い立たせています。グローバル化が進んだ今、そういう人たちと肩を並べて仕事をしていかなければならないのに、「ふつうでいい」では、時代や社会から取り残されてしまうのではないでしょうか。「それでもいい」と思う気持ちもわかります。無理をして、身体をこわしてしまったり、心の病に陥ってしまったりすることも今や多く、いろいろな犠牲を払わなくてはいけないかもしれないからです。しかし、そのように無理をしなくても大丈夫な、もっとやわらかでしなやかな方法や堅実な歩みかたもあると知ってください。

自分の人生に夢を持たず「ふつうでいい」では、ちょっとさみしくありませんか。少しばかり品がないかもしれませんが、一千万円の車が欲しいとか、三万円のランチが食べたいなどという常識外れのぜいたくでもいいから、もっと夢や野心を抱いてみることは、時には大切なように思います。自分らしくない夢や野心を持つ必要はありませんが、いつかはかなえたい夢の一つや二つはきっとあったほうがいいでしょう。

自分がまだ知らない、もっとレベルの高い暮らしがあって、もっと豊かな世界があるのですから、そこに到達してみたい、それを知ってみたい、と好奇心を持つのは、けっして悪いことではないはずです。そんなに強欲になって愚かだ、高級品なんて贅沢だと言ってしまえば話はそれでおしまいですが、なかなか手の届かないものにはそれに見合う多大な学びがあり、深い価値や貴重な経験を得ることができるのです。それを知ろうとも、近づこうともせず、あきらめて、みすみす逃してしまうのですから、夢を持たないというのはとても残念だと思います。

今、僕がいちばん怖いと考えているのは、収入の格差などではなくて、知識や情報、意識の格差です。たとえば、じつは自分の時間やお金や人生が、何らかの見えない形で、この社会に搾取されているかもしれないのに、「そんなこと私には関係ない」―「わからない」、「今のままでいいのです」と言っている人が意外に多いことに、もっとみんな危機感を抱いてもよいのではないかと思います。

誰よりも先に、情報や知識を得たり、それによって新しい意識を持ち、大切なことをさらに学んだりすれば、仕事や暮らしを守ることができたり、もっとよくする方法はたくさんあるはずです。それを、関係ない、わからない、めんどくさい、というだけの理由で、自分を変えてくれる情報や知識を得ようとしないのは損としかいいようがありません。自分の知らない情報や知識に好奇心を持ち、たとえリスキーであってもチャレンジを積み重ねていけば、その核心部分へ必ずアクセスできるはずなのに、その扉を閉じているのは他でもない自分自身なのです。

たとえば、社長になりたいという夢を持っているならば、真剣勝負でそれをかなえるプロジェクトを立てて、実行するのは十分に現実的なことです。世界という視野に立てば、そういう若者はいくらでもいるのですから。「ふつうでいい」とか「このくらいでいいや」と小さくまとまっていないで、本気で頑張る人に僕はエールを送りたいです。でもそのとき、あなたには確実に必要なものがあります。それが「味方」です。

「外側の味方」と「内側の味方」

みなさんは、「味方」というと、まず自分を取り囲む人間関係を想像すると思います。社会においても会社においても、誰もが一人きりで仕事をしているわけではありませんから、必ず力を貸してくれる人がいるはずです。もちろん、家族や友人も、あなたが何かをするときの心強い味方になってくれるでしょう。直接、力になってくれるというわけでなくても、励ましてくれたり、うまく行ったときの喜びを分かち合えたりするのも味方ですから。

しかし、あなたの味方は、あなたの人間関係だけとは限りません。

自分が本来持っている、習慣やものの考え方、資質や性格も、人生のあらゆる局面であなたを助け、仕事においても頼りになる「内側の味方」として力を貸してくれるはずです。これを、けっして忘れてはいけません。

この「内側の味方」とでも言うべきものは、人間関係のような「外側の味方」と比べると、見つけだすのが難しいかもしれません。あなたには当たり前すぎるでしょうし、目に見える形で存在するわけではないので、自分自身の気づきが必要になるからです。

どうぞ、みなさんもそれぞれの内面や生活態度と習慣をよく見直し、「内側にある味方」を目をこらしてよく探してみてください。あなたが持っている「内側の味方」は、必ず存在していて、自分次第でうまく付き合っていけば、一生、力を貸してくれるはずです。

森のように生きる

人がたった一人で成長していくというのは、とてもむつかしいことだと思います。成長していくのに必要な「自分みがき」や「自分の見直し」を重ねて、ひとときは自ら思い描いていた職種やキャリアを手に入れることができたとしても、たった一人の力だけで、それを持続し、さらなる上をめざして進もうとするのは、むつかしいでしょう。

では、どうしたらよいのでしょうか。

そのためには、あらゆるいろいろなものを味方にして、自分を中心にした「一つの運命共同体」のようなものを作っておけばよいのではないかと僕は考えます。

社会で生きてゆくということは、自分一人でがんばっていても、味方がいなければ、いずれ行き詰まってしまうものです。ピンチに陥っても誰も助けてくれませんし、一人ですべてをやりきるのは無理というものです。何かを始めるときに、友人や知人、家族や身内がまったく力を貸してくれなければつらいでしょう。味方がいなければ喜びを分かち合う人がいないのですから。

ですから僕は、自分の身の回りにあるさまざまなことすべてを、味方にしていくためにはどうしたらよいかと常に考えます。それが、仕事を成功させるためにも、人生の幸せのためにも、とても大事なのではないかと思っています。

その一方、味方をふやしていくと、その結果として、敵も必ずできるものです。光が射すところには必ず影ができるように、味方ができるところには、自然発生的に敵も生まれるわけです。

けれども敵という存在も、味方の一つとして考えることができるのではないでしょうか。敵からは学ぶことや教えてもらうことがたくさんあります。違う言いかたをすれば、敵というのは「現実」という名の味方なのだと思います。

こうして、いろいろな形のいろいろな種類の味方が自分の回りにいることを思い描くと、「一つの運命共同体」のようですし、たとえば山のなかにある森という生命体のようです。

そして味方というのは、先にお話ししたように、必ずしも自分をめぐるさまざまな「人」ばかりではありません。自分をめぐるたくさんの人たちが森を形成する樹木であるとすれば、大切にしている自分の資質や生き方の方法というのは、森の大地の部分すなわち土壌《どじょう》や空気といった環境とも言えるのではないでしょうか。

樹木であれ、大地であれ、自分の回りのさまざまな味方と手を取り合い、日々、それらを愛情をかけて大切に育て、大きく豊かなものにしていきたい。そんな原理原則を改めて意識してみるのは、ほかの人とは違う唯一無二の自分という存在を客観的に見直す学びになるでしょう。そしてそれをあなたの暮らしや仕事に照らし合わせていくことは、学びとったセンスをどのように発揮するかを確認する作業になるはずです。

あなたの「内側の味方」

自分の「内側の味方」について考えてみましょう。

あなたが持っていたり使っていたりするもの、自分の生活のなかに自然に現われてくるもの、当たり前すぎて自分の肌の一部のようなもの、そういう考えかたや態度、習慣、持ちものなどにも、味方になってくれるものがあります。

「あのとき貯金があったから逆境をしのげた」とか「もともと早起きだったから、その仕事は苦でなかった」といった経験は誰にでもあると思います。これはたとえ話ですが、貯金や早起きの習慣こそがあなたの「すでに持っているもの」で、それが自分の味方になったと考えてみてください。

このように、自分がすでに持っていたり、日常的に使っていたりして助けてもらっているもの、身の回りにあるもの、自分ならではの特徴的なものとして現われているもの、それを思いつくままに、まずは白い紙にリストアップしてみましょう。リスト化してみるというのは、目視化することで自分を客観的に知るためのよい方法だと思います。

これは、自分が持っているものを自分自身の棚おろしとして見直し、何が自分の味方になってくれるか、客観的に並べて見てみる試みです。

九人の友達

「あなたの持っているものを書いてください」と、こうして紙と鉛筆を渡されて、すらすらと書ける人がなかなかいないのは、当然のことかもしれません。

とりあえずは、参考までにどんなことを考えたらいいか、僕の場合を例にしてみます。

あくまでもこれは僕の場合ですが、おおむね、みなさんにも当てはまるものではないでしょうか。もちろん人によっては、もっとたくさんの「持っているもの」があるかもしれません。一方、僕よりも、一、二個少ない、という人もいるかもしれません。

人それぞれ、いろいろあってよいと思います。僕の持っているものはこんな感じです。

1　健康
2　身だしなみ
3　マナー
4　時間
5　お金
6　ライフスタイルや生活習慣
7　経験と知識
8　道具
9　情報

こんなふうに九つ挙げてみました。

この九つのうち、どれがとくに自分にとって大切な味方か、つながりの深い味方かは、人それぞれでしょうが、みなさんも「ああ、これなら」と思い当たるものでしょう。

ここで出てきた九種類の「持っているもの」とは自分が内側に備え持っている味方です。味方といっても、実際には人ではなくて、これらはいわば自分を支えるツールとでも言えばわかりやすいでしょうか。

次に、これらについて自分が大切だと思う優先順位をつけてみましょう。

それぞれの項目につけた数字は、僕自身の優先順位です。一番目は健康、二番目は身だしなみ……というように。こちらも人によって、当然違ってくるはずです。自分がこの九つのなかで何を大切に思うのか。これはみなさんもそれぞれじっくりと考えていただきたいことです。

すぐにすっきり整理できるとは限りません。順番をつけては消して、つけては消して、これが上だ、これが下だ、こっちが大事だ、と試行錯誤をくり返し、何度も検討してもらえれば、と思います。先に挙げた、僕の今の優先順位も参考にしてもらえればうれしいです。

ここで念を押しておきたいのは、この優先順位は、つねに流動的であるということです。人生のさまざまな局面で、大切にしていることの順位が変わるのは自然です。ですからこれを考えることで、今、自分が何を大事にしているかも映し出されると思います。

こうして九つの順番を決めたら、次に、その一つひとつについて、どのようにしたら自分の味方になってくれるか、自分がほんとうに困っているときに助けてくれるか、ここいちばんの大事なときに精いっぱい力になってくれるか、しかも進んでそうしてくれるのか、をよく考えます。

これを考えるとき、もし逆の立場だったら、と想像してみるのは、よいヒントになるのではないかと思います。自分が、「健康」という一人の人、「身だしなみ」という一人の人、「生活習慣」という一人の人……であるならば、相手がどんなふうに接してくれたら味方になろうと思うだろうか、どんなふうにふるまってくれたら味方になりたいと思うだろうか、と。

つまり、九つ挙げた事柄を、それぞれ違った個性のある「九人の友達」であると考え、どうしたらその九人がよろこんでくれるのか、どうしたら味方になってくれるのか、九人それぞれの立場になってよく考えてみるのです。

『スヌーピーのしあわせはあったかい子犬』

ちょっと視点を変えて、今、他でもない自分が、人からしてもらったらうれしいものって何だろう、と考えてみることにしましょう。「自分がうれしく思うことって何だろう」。それをじっくり深く掘り下げて考えてみるのです。

ここでお薦めしたい本があります。『スヌーピー』を描いたチャールズ・シュルツさんの『スヌーピーのしあわせはあったかい子犬』（谷川俊太郎訳、主婦の友社）という絵本です。僕はこの本がとても好きです。

スヌーピーと仲間たちが、ささやかな幸せを見つけていく本ですが、そのいくつかをご紹介します。「しあわせは特別な人を待っていること」、「しあわせは夜中についている明かり」、「しあわせは自分のベッドで眠ること」……どうですか？　こんなふうに本当にささやかなことでどれだけ僕たちの心が満たされるか、よく教えてくれます。

とびきりの大きな喜びも僕たちをうれしい気持ちにしてくれますが、生活のあちこちに落ちている小さな幸せもまた同じなのです。

自分が幸せな気分になることは何か、ときどきこの本のページをめくりながら思いをめぐらせます。

そして相手にうれしくて幸せな気持ちになってもらえるものもまた、こうした心のこもったささやかな事柄なのではないでしょうか。急いで決めつけなくてもよいのです。ゆっくり考えましょう。自分にとっての幸せとは何か、うれしいことは何でしょう、それを知ることは味方を作るためにとても大切なことです。

うれしいことは何でしょう

九人の友達がうれしいと思ってくれることを見つける最初の一歩として、自分が「うれしいと思うこと」、「うれしいと思うとき」とは何だろう、これをじっくり考えてみたいと思います。そこが味方作りのポイントになるからです。

ここでも一つの例として、僕がうれしくなるキーワードをご紹介しましょう。

①「受け入れる」。まず「受け入れる」ということがうれしいことです。人を受け入れることもうれしいですが、人に自分が受け入れられたなら、これもうれしいことです。

②「あいさつ」。次に、「あいさつ」です。みなさんも人があいさつしてくれたら、とてもうれしいでしょう。気持ちのよいあいさつはうれしいものです。

③「笑顔」。それから、やっぱり「笑顔」もそうです。忘れてはなりません。

④「生かす」ということも、うれしいと思うことです。自分が「生かされる」。それから、自分が何かを、誰かを「生かす」のもうれしいことです。

⑤「愛する」「愛される」ということも、もちろんうれしいことだと思います。

⑥さらに「育てる」ということ。育てる楽しみ、うれしさがありますね。

⑦「認める」こと。自分が何かを認めることができるというのはうれしいものです。

⑧「学ぶ」というのも忘れてはいけません。いくつになっても学ぶことはうれしいものです。

⑨「ていねい」というのも、僕はかなりうれしいのです。

⑩「ほめる」。「ほめられる」のも無条件にうれしい。

⑪「高める」。自分を高めることもうれしいし、自分が人を高める手助けができるのもうれしいです。

⑫「忘れない」ということです。自分を覚えていてくれる、僕のことを忘れない

でいてくれるというのは、とてもうれしいことの一つです。
⑬「応える」と「応えてくれる」。自分が何かに応えられることもうれしい。
⑭「安心」。忘れてはいけないのが「安心」。うっかり忘れがちですが、安心であるというのは、とてもうれしいことですね。

人にしてもらってうれしいことがあるなら、自分も心をこめて、それを当たり前のようにしてあげたいですね。追加になりますが、「雑にしない」、「おもしろい」ことや「たのしい」こともうれしいです。こういうふうに、思いつくことをなんでも書き出して、じっくり考えてみることです。

「うれしいこと」や「うれしいもの」がたくさん出れば出るほど、自分のほんとうの姿を、鏡に映し出して見ていることになるのだと思います。挙げられた一つひとつの事柄が今のあなたの姿なのです。

そして「うれしいこと／もの」とは、自分が今まで何に感動して生きてきたかということでもありますから、これがとめどなく出てくる人は、とても幸せな人なのでしょう。一方、これがなかなか出てこない人というのは、今までの感動の数が少ない人生ということになりそうです。

「うれしく思うこと」が、人の半分しかなかった……そういう人がいたとしても、それだってその人の人生、今を生きる自分のかけがえのない人生です。もしも今の自分の人生が淋しいと思うのだったら、これからどんどんと変わっていけばよいのです。

自分のことが嫌いだという人の話をよく聞いてみると、日々のなかでうれしいと感じることが少ない、と思っているというのはよくあることです。そういう人に僕は言葉を届けたい。生きていくということは、つねに変わっていくということです、と。いつか「大器晩成」と笑えるように、自分の姿を受け入れることができればよいですね。そして「うれしく思うこと」がたくさん挙げられるようになると、感動がたくさん自分のなかに蓄えられると思います。幸せとはそういうことなのです。

うれしいことは何かが自分のルールになります

あらゆるものがよろこんで自分の味方になってくれるためには、どうしたらよいか。そのためにはまず、自分が人からされてうれしいことを考えます。その意識をいつも心がけて実践していれば、相手はいつでもよろこんで自分の味方になってくれるでしょう。好きな本を読み直したり、今までの自分の経験を思い出したりして、自分がうれしいこと、うれしいときは何だろうか、想像力を働かせてじっくり考えてみてください。

「自分は何をうれしく思うのかを見つける」。それが「ほんとうの味方」を考えるこの本の、スタートであって、一番大切なポイントです。

もっと成長したい、もっと挑戦したい、あるいはもっと仕事や人間関係を向上させたいと感じているのならば、それは「うれしいこと」や「うれしいとき」を考えるという行為なしではかなわないと思います。なぜなら、「うれしいこと」や「うれしいとき」を想像することこそが、あなたが発揮する力の根源になるからです。「うれしいこと」や「うれしいとき」の一つひとつに自分の意識や気持ちを向けて生活すること。その試行錯誤のなかにこそ「ほんとう」と思えることが必ず見つかるはずです。この「ほんとう」と確信が持てる事柄が、これから先、仕事をしていくための、暮らしていくための自分のルールの一つになるのです。

生き方のルールというのは、「これを守るように」と人から与えられるものではありません。ルールとは自分自身による試行錯誤の延長線上に築くものです。さまざまな体験を通して、自分で発見して、自分で「ほんとうだ」と信じて、自分でそうしようと決めたルールというものが、生きていくうえでどんなに強い力になるか、それこそ、あなたの味方になるのだということを、僕は伝えたいのです。

人を理解したければ自分をよく知ることです

センスのよしあしを支えているのは、こうして自分で築いたルールだと、僕は信じています。自分が今まで生きてきて「うれしいこと」や「うれしいとき」を振返って作り上げたルールこそが、センスを支えたり、センスを生かす原動力になるのでしょう。

だからこそ、自分が「うれしいこと」や「うれしいとき」が何だろうという問いは、人間関係において、とても大事なものです。

ともすると、自分のことばかり深く考えること、自分のことばかりに関わりすぎることは、よくないのではないかと考える人たちもいます。社会に出たのですから、自分のことでなくて、他人のことを考えるべきだろう、と。

でも、他人のことを考えれば人のことがわかる、そう考えるのは少しばかり、人の心を知ることを簡単なことだとあなどりすぎていないでしょうか。人の心を知ることは非常にむつかしいものです。そもそも人の心を知ることなど不可能に近いことなのかもしれません。

けれども不可能なことだから、人の心は理解できないものだ、とあきらめてしまうのではなくて、こう考えることはできないでしょうか。人というくくりには自分自身も含まれていて、自分の心のことなら、ある程度わかります。ですから、もしも人の心を知りたければ、まず自分の心を見つめれば、人が何を感じ、何を考え、何を思うのかなど、多少はわかるのではないだろうか、と。

そしてそれがヒントになるはずです。少なくとも僕はそう信じています。

今まで自分に起きたことを思い出して書いた経験

十代の終わり頃の僕は、多くの人がそうであるように、「自分とは何だろう」と考えては、いつも苛立って、悩んでいました。この気持ちをどうしたらよいのかわかりませんでしたし、何を支えにして生きていったらよいかも見出せずにいたそのときに、ある人が、「今まで生まれてから現在までの自分をずっと思い出して、他人が自分にしてくれたこと、他人にされたことを、すべて紙に書いていってごらん」と言ってくれました。

その当時の僕は時間だけはたっぷりありましたので、毎日一時間ほどその作業に没頭しました。三歳のときにお母さんが手をつないで信号を渡ってくれたのがうれしかったとか、教室でとなりの人が僕を叩いて嫌だったとか、自分の持っている大切なものを壊されて泣いたとか、いちばん古い記憶までさかのぼって、順番にノートに書いていく。ともかく、何でもよいから、他人が自分にしてくれたこと、されたことを、すなおに思い出して書きとめてみたのです。

すると、ノートに貯まっていくのは、感動したことと嫌だったことのどちらかである、ということがわかりました。要するに、うれしかったこととうれしくなかったことしか覚えていないということです。どうでもよいことは、意外なくらい覚えていないものなのです。

この作業にはとても時間がかかって、一日一時間ほど取り組んでも、ひと月以上かかりました。自分の記憶を丹念に掘り起こしていく作業を通して、当時の僕は、初めて自分に向かい合えたのだと思います。うれしかったこともいっぱいありましたが、くやしかったこと、嫌だったこと、恥ずかしかったこと、そういううれしくない感情を抱いた自分を、初めてきちんと見つめることができた気がしました。

全部やりとげたそのときに、いちばん強く感じたのは、「つらかった」ということに尽きます。本当に泣けてくるくらいつらい作業でした。しっかり自分を見るということには嘘は許されないのですから。

十八歳の僕は、自分のことしか考えていなくて、しかもそれをごまかそうとしていたのだと思います。認めたくなかった嫌な自分をきちんと見据えて、向き合うということは、とてもつらいことでしたが、今、こうして振り返ると、とてもよい体験だったと思えます。

それと同時に、正視しようとしなかった本当の自分を知ってしまってショックを受けたのと同じぶんだけ、人への感謝の気持ちが生まれてきたのです。そんな気持ちは初めてのものでした。

若い僕は、それまでは一人で生きていけると本気で思っていたのです。家族もいらないし、友達もいらない。自分は一人で成功すればいいし、そうやって生きてきたし、これからもそうしていけばよいなどという、若者特有な愚かな考えを持っていたのですが、その考え方が一瞬にして壊されたのです。

弱い自分やダメな自分を知ることができた以上に強く僕の胸を打ったのは、生まれてからこのかた、いかに多くのことをいかに多くの人にしてもらったか、ということでした。初めて気がついたのです。感謝の気持ちが湧いてきて、今まで出会った人たち全員に、「ありがとう」と言いたい気持ちになりました。

この体験は、大きなターニングポイントになりました。とても苦しくてしんどい思いをしましたが、これが僕の二度目の誕生日、いわばセカンドバースデーになっています。

だからこそ、自分を正直に見つめるということが、人生にとってのよいきっかけになるというのを断言できます。

自分がうれしいと思うことを書きだしてみる。何に対してうれしく思うかを書きだしてみる。あまりたくさん挙げることができないかもしれませんし、うれしいことではなく人への恨みのようなことばかり出てくるかもしれませんが、そこもしっかりと自分で受け入れるということが、成長していくためのよいきっかけになるはずだと思います。

絶対にほしかった詩集

自分がうれしいと思うもの、それが何であるかを知るためには、なけなしの自分のお金を出してでも買いたいものは何か、自分の時間を使ってでも手に入れたいものは何か、大切な何かを犠牲にしてもほしいものは何か、それを一つの物差しにして考えてみたらいかがでしょうか。人が喜ぶもの、人がほしいものへのヒントは、そこにこそあるのだと確信しています。

小学校五年生の頃、デパートで開かれた高村光太郎の展覧会を観に行ったときのことです。会場のあちこちに展示してある光太郎の言葉やすばらしい彫刻に感動して、出口にあった特設売場で見つけた、『高村光太郎詩集』がどうしてもほしいと思いました。けれども、そんなにたくさんお金を持っていなかったので、詩集を買ったら帰りの地下鉄の電車賃がなくなってしまいます。

結局、僕は『高村光太郎詩集』を買って、家まで歩いて帰りました。帰りの電車賃を犠牲にしても自分には必要だと思ったのです。

そこまでして手に入れたいと思うほど心を動かされる——そう思えるかどうかというところが、みんながうれしいと感じることの一つのポイントではないかとも思います。

「暮しの手帖」という雑誌を作る現場を通して僕の目に見えてくるのも、もの作りやものを売るということは何かを犠牲にしてでも手に入れたいと思ってもらえるかどうか、そのくらいシビアに考えなければ成功しない、ということです。

人がそういうふうに思うものや事柄は何なのでしょう、みんながどうしてもほしいと思うものを与えることができれば、その先にいる人やものがすべて自分の味方になってくれるのだと思います。

新しい意識で働きたい

今までは、会社という組織のなかでうまく自分が機能していれば、一生困ることはないというのが日本的な仕事観だったのではないでしょうか。多くの人が、一度就職した会社を定年まで辞めることがないので、会社のなかだけで役立つ自分の能力さえキープしておけば大丈夫、それが日本の終身雇用です。

けれども今の時代は、そんな意識の持ちかたでは、働くことの面白みがありませ

んし、キャリアアップも望めないでしょう。

自分の仕事にしっかりと向き合って、明らかな目標を持ち、自分の立ち位置をつねに一歩先へと進め続けるという客観的な自覚がある――このように、自分と仕事のかかわりについて新しい意識を持っていないと、やがて通用しなくなるときがすぐ来ます。

これからはこの新しい意識の働きかたに、早く気がついた人が評価されるようになると思います。自分がどこかの組織の一員であれば安心という時代はどんどん薄くなってゆき、入社したこの会社と自分はシビアな契約もしているのだ、というくらい厳しい意識を持っていないと会社からの信頼など得られないのではないでしょうか。自分が任されている仕事の責任は、きちんと自分で引き受けるという自律した気持ちで仕事をしていかなければ、あっという間に会社から必要とされなくなってしまう。今はそういう時代だということをもっと意識したほうがよいのです。

一方、こういう時代だからこそ、どの人も、じつはもっと多くの伸びしろを秘めているとも思います。もっと上に行けるはずですから、夢を持って、次のステップにジャンプできればいいですね。

でも、そのためには、具体的に何をしたらよいのでしょうか。そのポイントとなるのも、自分の「内側の味方」と「外側の味方」だと思います。

いろんな意味での味方が必要でしょう。そのためには自分の特徴をよく知っておくことが必要になります。それを武器にしていくのです。

あなたにも理念は必要

自分が生きる世界がグローバルであることを意識したら、自分の理念をはっきり考えることが必要になると思います。「理念」とは言ってみれば大義名分です。

どんな会社組織にも理念はあります。少し前なら、「社是」と言われていたものです。たくさんの人に、すみずみまで、同じ考えや方法を徹底させるために、企業がその源に持つ考えかたや哲学を表したものが理念です。

理念を必要とするのは、個人のレベルでも同じです。誰かにあなたのことをわかってもらうためには大義名分が一番。そして相手に自分の考えを説得するときにも理念はとても役に立つのです。

たとえば、僕は、「正直、親切、笑顔、今日もていねいに」を、二十年間、ずっと自分の理念にしています。「正直、親切、笑顔、今日もていねいに」――この理念に、僕の行動や考えかたの原点のすべてがあります。言ってみれば自分というブランドの理念で、それがあるがゆえに自分はぶれることはないと信じられます。なぜなら、何かに迷ったときには、すべてそこに立ち返って考えればいいのですから。

また、しっかりした理念があればみんなの理解を得て、それによって支援も得られることでしょう。

想像してみてください。アジアやヨーロッパなど外国の人と話をしていて、「あなたは、どんな人ですか？」という問いに応えようとするとき、履歴書や学歴などはなくても、自分の理念は「正直、親切、笑顔です」と言うだけで、僕という人をよく理解してもらえると思いませんか。相手がどこの国の人であっても、わかりやすいですし、「この人と何かいっしょにやりたい！」と思ってもらえそうな予感がします。

こうして考えてみると、理念というのは自分の軸であり、軸ができることで揺るがなくなって、それを心の支えにして生きることができます。さらに、人を巻きこんだり、説得したりするための求心力も加わります。

僕は長い間、フリーランスで仕事をしてきましたから、自分を一つの商品としてブランド化することをとても大切にしてきました。そんな僕にとっては突き詰めれば、理念とは、この先どうやって食べていくかということに直結することでした。魚を売る、野菜を売る、本を売る、人にはいろいろ生きかたがありますが、僕はこうやって生きていくのだ、という看板でもあったのです。

自分のプロフィールを書いてみよう

理念の話に関係しますが、ぜひ、みなさんには自分のプロフィール作りをおすすめしたいと思います。これは、いうなれば自己紹介です。

実際に履歴書を書くことはできても、自分のプロフィールを作ることができる人は少ないものです。日本人と欧米人との違いは、そこだとも思います。日本人には自己紹介が上手にできない人が意外に多いのです。職歴とか学歴については話すことができますが、それはペーパーを見ればわかります。自分は何ができて、何に長けていて、何をしたいと思っていて、そのために何をしているか――そういうことを、端的な文章で、相手の求めに応じて、わかりやすく伝えられる人が少ないのです。

つまりこれは自分をプレゼンする力なのですが、これからの世の中ではいっそう必要とされる力です。

日本では、人当たりのよい人とか感じのよい人、控えめな人というのが高く評価され、それだけで相手との関係性を深めてきました。けれどもそういう人間関係の作りかたは、日本限定のやりかただと思います。

これからの時代では、従来の日本的なやりかただけで済ますわけにはいかなくなるのではないでしょうか。待っているだけではなくて、アピールしていくことが求められるのです。待っているだけでは、誰もあなたの名前を呼んでくれません。見つけてほしければ、自分から一歩前に出る勇気が必要です。あなたの行動があり、それを見つけてくれる誰かがいて、初めてチャンスがやってきます。そのためにはプロフィールづくりは欠かせません。

ステップアップしたければ、ぼんやりと自分のことをいつか誰かが評価してくれる、きっと誰かがわかっていてくれると思っているのは幻想だと知るべきでしょう。

素直な気持ちになるために

さて、三二ページに挙げた九種類の「持っているもの」は、そのままあなたを助けてくれる九人の「内側の味方」です。この「内側の味方」とは十分に仲良くなって、大切な味方になってもらいたいものです。

九人の「内側の味方」といかによい関係を築いているか、それこそが人間力であると僕は思っています。友達の身になって考えて、それを実践し、深く結びつくことが、自分の人間力を高めることになると思うのです。

世界中の人といっしょに生きていくならば、人間力を高めていくしか方法はありません。育ちとか学歴、お行儀がよいとか元気がよい、ほかの魅力もすべて含んで作られる人間力。人間力を膨らませていくことで、これから先にどんなピンチがあっても乗り越えていける底力がつくというものです。

僕は九人の「内側の味方」を挙げましたが、その全員と親友になる必要はありません。ただし最低でもそのうちの一人と親友になれれば、それは心強い存在になるはずです。

話を進める前に、もう一つ確認しておきたい、大切なことがあります。

あなたはこの九人の味方が大好きですか？　言うまでもありませんが、九人の味方に自分を好きになってもらうためには、あなた自身が九人を大好きでなければなりません。自分が好きでもないのに、相手に自分を好きになってくれというのはおかしな話です。自分が相手を愛さない限り、相手も自分を愛してはくれないのは道理というものです。

自分の九人の「内側の味方」を、まずはあなたが心から大切に思ってください。それは、関心を持ち、信じるということです。

何でも好きになろうという姿勢がないかぎり、関係性というものは生まれません。相手が先に好きになってくれたら、そう考えるという人が多いものですが、それではダメだということです。

「好きになる」ということは、「よいところを見つける」ということではないでしょうか。よいところというのは、こちら側がそれなりの心構えを持っていないと、なかなか見つけられないものです。その心構えとして大切なのは、何でも受け入れる素直さだと思っています。

限りなく素直になるということは、とても単純で簡単そうですが、じつはとても重要でむつかしいことなのです。限りなく素直であれば、本当にそれだけで、いろんなことが味方になってくれるでしょう。

素直になるために僕が気をつけているのは、まず人の話を聞くときは、相手のすべてを信じることです。ですから多くの人が口ぐせにしている、「何で?」とは聞きません。また、僕は絶対に言ってはいけない言葉というのをいくつか決めていて、「えっ、うそでしょう」、「信じられない」というのはその一部です。

すべてを信じて、すべてを受け入れる。限りなく素直であるということは、それだけで、すばらしい財産を手にしていることだと思います。なぜそうかというと、それが、賢い人たち、僕に何か教えをしてくれる人たちの共通点でもあるからです。

ある大企業を経営している方を知っていますが、その人も、「うそ!」とか、「本当?」という言葉は、けっして口にしません。子どものように身を乗り出して、「あっ、そうなんだ、そうなんだ」と言って、「すごいなー」、「すごいなー」を連発して、感動を体いっぱいで表現しながら聞いてくれます。仕事の場面では厳しい経営者なのでしょうが、一人の人としての姿は違います。長者番付けに名を連ねるような大きな資産を持っているのに、とことん素直で無邪気、知りたいことだらけの好奇心旺盛で、「すごいな」と感動したら、すぐに動きだします。

成功している人には、そういう素直な人がたくさんいます。きっと人から何かを教えてもらいたいという気持ちが人一倍強いのでしょう。これは世界中、どこでも共通していることです。そして、さらに彼らがすごいのは、じつは素直さのあとには、自分で確かめる行動力も持ち合わせているということです。いわゆる足マメな人なのです。

たとえばこんなことがありました。先の経営者の方に、「おいしいラーメン屋ができて、そこに食べに行ったら本当においしかったんですよ」と話したら、「そうなんだ！」と、すぐにそのラーメン屋に食べに行ってくれました。すぐに行って、確かめたい人なのです。

世の中の人はみな忙しいですから、「あそこにおいしい店ができたよ」と言っても、「ああ、そうなんだ」でおしまいです。たいていの人は、確かめません。でも成功している人は違うのです。できるだけすぐにきちんと自分で確かめるのです。

「ああ、その日のうちに行ったよ！」と。

「どうでした？」と聞くと、「あんまりおいしくなかった」。

結果がどうであれ、情報は、足マメになって確かめた人の勝ちなのです。確かめないと、「あそこ、おいしいらしいよ」というだけで自分のなかにインプットされてしまいますから。そして確かめていない間違った情報に、自分がとらわれることになるでしょう。

僕も聞いたことは、すぐに確かめて、自分で確信を得るように心がけています。「あっ、本当にそうだった」とか「そうでもなかった」とか。すぐに確かめる行動力も、限りなく素直ということから生まれてくるものですね。それを積み重ねていくと、自分に対する自信と正しい情報が蓄積されていくわけです。

限りなく素直な気持ちで、人から教えてもらったことに感動して、きちんと自分で行動して確かめていく――足マメの蓄積がじつはピンチのときに役に立つのです。

人生とマラソン

ここ数年、僕は毎朝欠かさずランニングをしています。もくもくと走っていると、人生はマラソンと似ているなと感じることがよくあります。

自分のベーシックと言えるもの、生きかたの価値観になっているものは、自分の走りかたのスタイルと同じです。人生というマラソンをどうやって走っていくか、ということです。

当然のことですが、マラソンはただ走ればいいというわけではありません。人生は長い。五十年、六十年という自分のプレイヤーとしての期間を、どうやって走っていけばよいのでしょうか。

確かに言えることは、それは短距離走ではなくてマラソンであるということです。つまり、最終目的は完走することにあるのです。途中、先頭を走ることもあるでしょう。ゴールしたときには一位、二位と順位がつきますが、マラソンにおいてもっとも大切な目標は最後まで走りきることです。

そのために自分はどのように走っていこうか、と僕はつねに想像しています。この時期はゆっくり、この時期はペースを上げる、ここは歩いても仕方がない、ここはダッシュだ、と。そういう自分のペース配分を長い目で見て考えていくのです。

走りかたは人それぞれで正解はないのですが、少なくとも一つ確実に言えることは、最初から最後まで全速力で走ることは無理ということです。絶対に息切れしてよい結果を得られませんし、転んでケガでもしたら、完走できなくなります。

また、マラソンにはライバルがいます。その人がいるから記録が伸びる、がんばれるということもあります。ですから回りをよく見ることも大切です。

さらに、人生もマラソンも、いつも思うままになるということはありえません。おおむね思うままにならないというのが大前提です。それを受け入れて場面によって工夫をしたり、ときには「えい！」と底力を発揮するというのが、生きかたであり走りかたであると思うのです。

自分の長所の見つけかた

自分の九人の「内側の味方」がそれぞれ、何を喜んでくれるかを考えてきましたが、最後に九人の味方に対する自分のいたらない点を考えてみようと思います。

たとえば、「身だしなみ」という味方がいるとしたら、自分はどうでしょうか。どうしてもだらしなくなってしまうとか、忙しいから手入れが行き届かないとか。そういう人もいるでしょう。

たとえば「お金」という味方がいるとしたら、自分はどうか。わりと無計画、あるいはすごい節約家かもしれません。

九人の味方に対する自分のありかたが非の打ちどころがないほどに完璧だという人は、きっといないでしょう。ですから、まずは自分自身をよく省みるという意味もこめて、ここに九人の味方それぞれに対する自分のいたらない点を見つけましょう。

さて、その自分のいたらない点が明らかにできましたか？　じつは人間は生きていくに当たって、自分のいたらない点をカバーするために、どうしても発達させなくてはならない能力を必ず持っているはずなのです。そしてそれは、無意識的に自分が身につけている場合もあります。つまり、世の中を渡っていくうえで、いたらない点をカバーするために、秀でていることがきっとあると思うのです。

たとえば先ほど挙げたように、無計画ですぐに衝動買いをしてしまうという、「お金」との付き合いの上でのいたらない点があるとします。でも、それをカバーするために、物を転売する能力に長けている……というふうに。いざというときには、インターネットオークションで売り抜ける能力があるとか、そのための宣伝文句をうまく書けるとか、必ず、いたらない点をカバーしている能力があるのです。たとえば、すぐにぐずぐずと時間を無駄にしてしまう人には、どこかでつじつまを合わせるために異常な集中力がある……といったぐあいに。

要するにダメなところを直す方法ではなくて、人にはダメなところをカバーするための得意な能力というのが、絶対に存在するのです。

いわゆる人の長所というのは、じつはそれなのだと思います。正直に言うと僕の長所もそれに当てはまります。ひょっとしたら、何もないところからは長所は生まれないのかもしれませんね。人はみな無意識に自分のいたらない点を知っていて、知っているからこそ、それをカバーするために発達させた筋肉のようなものを必ず持っています。人の長所というのはそれだと思うのです。

そう考えると、嘘がうまい人がいたなら、その人にとっては、それも長所になるのでしょう。自分が無計画で、だらしないからこそ、それをカバーするためにものすごく嘘がうまくなっている、というふうに。逆の見方をすると、すぐ嘘をつくという「マナー」上でのいたらない点がある人には、それをカバーする別の長所が必ずあるはずなのです。

そのように考えると、自分が気がついていない長所は意外にたくさんあるのではないでしょうか。そしてその長所が、これから先、自分が生きて、仕事をして、何かと関係を持っていくときに生かされる、すごい切り札になるはずです。それこそがあなたの持ち味とでもいうのでしょうか。つまり、あなたのベーシックなのです。

そこを一つひとつ、明確にして、意識していくと、驚くほど自分がよくわかり、すっきりします。意外なことに、自分が嫌いなところが長所だということもあります。そこを自分の持ち味にしてもいいのだということがわかると、気持ちも晴れ晴れするでしょう。

ここで僕が何を言いたいかというと、短所も長所も両方大切にするのが大事であるということです。

ふつう短所は直そうと考えますが、僕の持論では、短所は直りません。死ぬほどの思いをしたなどとトラウマになるようなことがあれば直ることもあるかもしれませんが、短所は直らないものです。と言うよりも、直す必要がないのです。それがあっての長所だからです。

長所と短所は、それぞれ別々のものではありません。一枚の紙の表と裏のようなものです。欠点や短所がなくなったら、長所が不必要になってしまいます。なくしてしまうのではなくて、そこは育てるという感覚が必要なのだと思います。欠点や短所も育てる。欠点や短所も育てれば、長所も育つのです。これが自分を愛するということなのです。

Ⅱ　自分が持っているものを最高の味方にする

内側の味方①──健康

自分の「内側の味方」を一つひとつ検討して、それぞれが、いったいどういう個性を持った味方で、いったいどういうふうにしたら彼らは喜んでくれるのか、そして、彼らと自分はどうやって付き合っていけばよいのかを、じっくり考えてみましょう。（ここで挙げる「内側の味方」の順は、僕の優先順位となっています）

さて、自分の持っている味方のなかで、いちばん大切なのは「健康」ではないでしょうか。

健康とひとくちに言っても、持病を持っている人もいるでしょうし、生まれながらに障がいを持っている人もいるでしょうから、その人それぞれの健やかさについて考えればよいでしょう。また健康は数値的なものではなくて、少なくとも元気であればよいと思っています。健康である、元気である、健やかであるということは、生きていくという仕事のなかで、最優先させるべき仕事なのです。それが人間の責任だと思うし、他人や社会に対するもっとも基本的なマナーです。

それでは元気であるためには、どうしたらよいでしょうか。

僕は、たとえどんな状況でも、まず睡眠が一番の鍵だと思っています。いかなるときも睡眠時間を犠牲にしない。これだけでも人生は大きく変わるはずです。それくらい大切に考えています。

僕は夜十時に寝て、朝五時に起きる、というのを習慣にしています。こう言うと、「子どもみたい」と笑われますし、「仕事しているのかな?」とか「おじいさんみたい」などと言われますが……。なぜそうしているかというと、元気でいたいし、そうであってこそベストの状態で自分が仕事ができるからです。

健康という味方がもっとも喜んでくれることは何かというと、「眠る」、それも「リラックスして、しっかり眠る」ということです。ですから僕は睡眠をとても大切にしているのです。とにかく睡眠だけは削らないことです。

もちろん、眠れないときもあるでしょう。精神状態が高まっているとか、心配ごとがある夜は、なかなか眠りにつけないものです。ですが、こういうときでも絶対に体を横にしておく、これが大切です。これだけでもぜんぜん違いますから。

また健康のためには、日々、仕事をどんなふうにしていくのかも大切です。

僕は、できるできないにかかわらず、午前中は頭を使い、午後は体を使う、というのを意識しています。体を使うというのは、おかしな言いかたですが、基本的には、考える仕事は午前中に。人と会ったり、作業をするのは午後にしています。

頭ばかりでなく、体を適度に疲れさせたほうがいいと、いつの頃からか考えるようになりました。よく言われる通り、運動も健康のためには欠かせないものなのです。

第一章でマラソンの話をしましたが、そもそも僕が走り始めたのも心身の健康を意識してのことです。年齢とともに代謝が落ち、あえて積極的に自分を疲れさせるくらい運動をしておかないと、体重が増えるなど、体の状態を示す数値が変わってきます。運動を欠かさず、適度に疲労させないとよく眠れないというのもあります。

心の健康にも気を配りたいものです。ところで、メンタルケアの一番のポイントは、「運動」と「睡眠」の二本立てだそうです。これが長く崩れたままになると、精神的にバランスを失うといいます。

運動をするには、ランニングでなくてもウォーキングや散歩でもいいでしょうし、室内で筋肉トレーニングをするのもいいことでしょう。ラジオ体操というのもありますね。要は習慣的に体を動かすのが大事なのです。

頭を使ったら、体を動かすべきですし、体をたくさん使ったら、次は頭を使う。頭ばっかり使っていると頭がしんどくなるし、体ばっかり使っていると体がしんどくなります。ここはバランスが必要だというわけです。

内側の味方②――身だしなみ

仕事というのは、いつも他人とのかかわりから始まっています。あるいは仕事をするということは、つねに社会とかかわることだと言ってもいいのかもしれません。とくに若い頃は、社会の歯車として自分がうまく嚙み合えないと実感することも多いでしょう。けれども、せめて一つか二つは自分が何かの役に立ちたいと思うのであれば、まず「身だしなみ」を整えましょう、と言いたいです。

人は第一印象をとても大事にするもので、たいていの場合、目の前に見えているものを信じて、判断します。あなたがいくら真面目でいくら一生懸命に仕事をしていても、目に見えているものには勝てないということが正直なところではないでしょうか。つまり残念ながら、真面目さや一生懸命さがあっても、服装という見た目がだらしなくては、なかなかそれが伝わらないのです。

だからといって、毎日スーツを着て、ネクタイを締めて、整ったきれいな格好をしましょうということを言っているわけではありません。けれども、やはり整った身だしなみというのは、これから会う相手に対して、同じ職場で働く仲間に対して、社会に対しての敬意の表れであると僕は思っています。

誰かと打ち合わせをするために会うとしますよね。そのときに、どんな格好で出かけてゆくかというのは、相手に対するリスペクトが形に表れたものだと思うのです。

園遊会の場を想像してください。天皇陛下にお目にかかるのですから、陛下に対する敬意を示すために、出席者はみんな、何を着て行けばよいのか、または何を着ていけば失礼にならないかよく考えますよね。それと同じで、着ているものは相手への敬意であると僕は考えます。まだ若くて何もできないのであれば、せめて敬意くらいきっちりと表しましょう。「私はあなたに感謝しています」とか、「あなたを尊敬しています」とか、服装でもそれを表すことができるのです。

とはいうものの、服装とは簡単そうでむつかしく、カジュアルとフォーマルを分ける一線も見えにくいものです。まちがいなく言えることは、どんなファッションであっても、高級品は着なくても、できるかぎり清潔でいたほうがいいということです。清潔感というのは、それだけで一つの身だしなみです。

ほかに身だしなみといえば、髪型もそうですし、女の人だったらお化粧もそうです。よく見える体の部分として、指とか手などのお手入れも、過剰なものは必要ありませんが、きちんと手を入れ、清潔にしていれば、それが相手に対する敬意として伝わります。

意外なことに多くの人が手を抜きがちなのが髪型です。

あるとき尊敬している年上の女性が、「女の人をきれいにする秘訣は何ですか?」という質問に応えて、こうおっしゃっていました。「どんなに体型が悪くても、顔の造りが悪くても、女の人は髪型です。髪型と髪の毛を手入れして、きれいな髪できちんとしていたら、みんなきれいに見えますよ」。

なるほど、その通りだと僕ははっとしました。人というのは、相手と向かい合ったとき、一番はじめに髪型を見ているものなのです。男性でも同じで、体型がどうであろうと、顔の造りがどうであろうと、髪の毛さえ、せめてきちんとしておけば不快感は与えないでしょう。ですから、髪の毛の手入れはとても重要に思えます。

ちなみに僕は二週間おきに理容店へ行き、整髪してもらっています。

身支度は足元から

もう一つ大切なのが、靴です。男性も女性もよく手入れされた靴を履くべきだと思います。特に男性の靴には、その人の生活意識が表れる、と僕は思っています。立派なことを言ったりしたりしていても、その人の靴がぼろぼろで汚かったり、履きつぶしたようなスニーカーだったら、残念に思うものです。

あるイギリスの老舗靴店で靴の手入れのポイントを尋ねたことがあります。店の主人は、こう教えてくれました。「靴の見えるところではなく、見えないところ——特にヒールを手入れすることが大切だ」と。

大切なことは、靴を一生懸命みがくよりも、ヒールの減りかたを気にするべきで、ヒールが減った靴は全体の傷みも進み、だらしなく見えるのだそうです。主人はさらに「多少汚れている靴でもヒールが減っていなければいい」とさえ言っていましたが、イギリスではじつはそのほうが印象がよいのだそうです。それはさておき、あなたの靴がよく手入れされていれば、それだけで回りの対応が変わってくるということもあるでしょう。

「足元を見る」とよく言いますが、旅館やホテル、料亭やレストランなどサービスを売っているところでは、お店の人は、必ずお客さんの靴を見ています。靴には、客側のその場所への敬意が表れているからでしょう。つまりそれは、けっして悪気があるわけではなく、店に対してリスペクトを示してくれるのでしたら、私たちもあなたをリスペクトしますよ、ということです。

足元と言えば、靴を脱いだときのソックスやストッキングにも気遣いしましょう。靴と、ソックスやストッキング。この二つはセットで考えます。

何かがほしければまず自分から相手に与える――これは人間関係の大原則ですが、きちんと付き合ってほしい相手であれば、まず自分のほうから衣服を整えて臨むのが大切であるのは言うまでもありません。

洋服には好みやジャンルがありますから、これがよくてこれがダメというのは一概に言えないものです。少なくとも清潔であること、自分なりのこれから会う人や場所への敬意が表されているかどうか、最低でもそのくらいは気にするべきことでしょう。

内側の味方③――マナー

次に僕が大切にしているのが「マナーと礼儀作法」です。

いつも元気で、身だしなみが整っていて、さらにこの三つ目のマナーや礼儀作法がしっかりできていたら、その人の仕事の半分くらいはもう十分にできていると言ってもよいのではないでしょうか。

じつは、僕は礼儀作法とマナーというものは、自分を助ける奇跡を起こす魔法になると考えています。そのくらい大切なことだと思うのです。この三つ目のマナーや礼儀作法という味方と自分が親友になれたら、すすんで力を与えてくれるようになったら、いろんな奇跡が起こるに違いありません。

さてマナーという味方は何をうれしいと思うのでしょうか。

最初に思い浮かぶのは、あいさつです。「あいさつは自分の身を守る鎧《よろい》」という言葉がありますが、相手に受け入れてもらいたいのなら、まずはあいさつを欠かさないことです。

またあいさつ上手な人は、つねにその場を制します。ですから、あいさつをすることも、いろいろな意味で仕事の一つだと言えます。

「おはようございます」、「こんにちは」、「お疲れさまです」……、僕はいつも会社の新人に、「あなたたちはまだ何もできないのですから、あいさつだけは人一倍、元気よくしっかりしてください」と言います。働き始めてしばらくは、それだけで十分だとも思っています。あいさつは年をとるとなかなか身につかないものですから、若いうちに習慣にできるといいですね。

そして、あいさつ上手であることは、成功している人たち、僕が尊敬している人たちの共通点でもあるのです。こういう人たちがどのくらいあいさつ上手かと言ったら、それはもう驚くほどです。まず、絶対に先に「おはようございます」と言わせてくれません。もちろん「こんにちは」も「お疲れさま」も、先に言われてしまいます。それも元気よく、感じよく、にこやかに。

みんながよく知るある俳優さんのあいさつを見て、感動したことがあります。その人はある店に入るときに一礼し、ドアを開け、店を出るときも誰かが見ていなくとも、一礼して出ていきました。そしてまた、道路に出て、歩き出す前にもう一度振り返り一礼したのです。こんなにていねいにあいさつができるからこそ、人気があり、魅力があるんだなと納得しました。

それから、お礼状も同じです。相手の心に届くお礼をするためには、筆マメであることです。筆マメというのは福を呼びます。何かをいただいたら、必ず、その日のうちにお礼状を書く――そのマナーはすばらしいですし、僕もつねづね自分もそうありたいと思います。

お礼状というのは一日過ぎてしまったら、もう送るチャンスはないのと同じです。たとえば、うれしい贈り物を受け取ったとします。その日のうちに書くからお礼状なのであって、次の日に書いてもそれはもうお礼状ではないと思います。誰もそれには心が動かされません。でもその日のうちに、簡単なものでも手書きで書いた礼状を受け取ったならば、「ああ、その日のうちに書いてくれたんだ」と感動してくれます。これこそ、自分がほかの人にしてもらったらとびきりうれしいことだな、といつも思います。

返事の早さというのもマナーだと僕は思っています。何かを成し得ている人は、いつ、どんな問いが投げかけられても、どういう対応を自分がしたら相手はうれしいかを、いつも考えています。

人はいつも人を探している

どういう対応をしたら相手がうれしいか、いつも考えられる人というのは、どのような場面でも求められている人です。

僕が尊敬しているある中国の方から教えてもらったことの一つに、「人はいつも人を探している」という言葉があります。

どういうことかというと、何かを成し得ている人というのはいつも、お店にいても街を歩いていても、つねに自分を助けてくれる人を探しているというわけです。たとえば、社員やスタッフが必要になるとします。一般的には、求人広告などでスタッフを募集して、面接をして、その結果で雇うという方法をとるでしょう。しかし、じつはその方法では、あまり相手のことがわからないものです。

その中国の方は、「自分はあまりそういう人の探しかたをしない」と言います。そうではなくて、ふだんの自分の仕事の場、生活の場、外出した先々で、つまりいつでも人をよく見ていて、よいと思う人に声をかける。もしも自分を助けてくれる人がいたら、その人をスカウトして雇うというのです。それが自分の求人のしかただ、と。

ではは彼は、人のどこを見ているのでしょうか。そう尋ねてみたら、礼儀作法とかマナー、気の遣いかた、返事のしかた、そこに目をつけ、すばらしい人を探し、選んでいると教えてくれました。

会社の社長が、「自分の会社は、優秀なスタッフで成り立っている」と語るのはよくある話ですが、その社長に、「あなたは、どうやってスタッフを見つけたのですか?」と尋ねると、偶然出かけた先で働いていて、何か起きたときの対応がとてもよかったから声をかけて入社してもらった、などという経緯があることが多々あります。

思想家の内田樹さんがブログに書いていたエッセイにこういうのがあります。

何年か前に内田さんは、武術家の甲野善紀さんと総勢七人でレストランに入ったそうです。そこで「鶏のから揚げ」を注文したのですが、この店のから揚げは一皿三ピースでした。七人では分けられないので、内田さんは三皿注文したのですが、注文を聞いたウェイターは、「七個でも注文できますよ」と明るく言ったそうです。「コックに頼んで、そうしてもらいますから」と。

このウェイターがから揚げの皿を運んできたときに、甲野さんが彼に声をかけます。「あなたはこの店で、よくお客さんから、『うちに来て働かないか』と誘われるでしょう?」。するとちょっとびっくりしながら、「はい、月に一度くらい、そう言われます」と彼は答えたそうです。

内田さんは、甲野さんの人を見る目の確かさに驚くのですが、こういう話は、じつは世の中にはたくさんあるのではないでしょうか。

機転の利かせかた、相手を気分よくさせる小さな工夫、働くということの本質を無意識のうちでわかっている優秀な人がどこかにいないか、人はいつも人を探しているのです。そして、チャンスというのは改まった場ではなくて、日常のなかに現われるものなのです。

僕もつねに人を探しているのですが、どこに行ってもひそかに人をよく見るようになりました。何か困ったことが起きたとき、この人はどうやって対応するのだろうと。

マニュアルに載っていないサービス

そういえば、対応のすばらしさについては、こういうこともありました。ある懐石料理店で一人でランチを食べたときのことです。ランチは五千円から、ディナーなら三万円以上の老舗です。ところが、広い部屋でしたが、一匹だけハエが飛んでいたのです。最初は僕も気にしないでおこうと思ったのです。でもあまりにもうっとうしくて、とうとう店員の人に「すみません、静かに食事をしたかったのですが、ちょっとハエが気になって」と言いました。

そしたら、お店の人は「かしこまりました。なんとかいたします」と応じてくれたのですが、じつは僕は、「きっと無理だろう」と思っていたのです。ところが驚いたことに、言葉のとおり、ハエは姿を消したのです。どういう方法で追い払ったのか、わかりません。

僕はとても感動して、会計をしたときに「本当に、どうもありがとうございました。あんなに飛びまわっていたハエが、あっという間にいなくなったんですけれど、どうされたのですか？」と尋ねたら、「お客様も気がつかなかったと思うのですが、お席のない側の窓を開けて、一瞬だけ冷房をいちばん強くして、風で流しました」と教えてくれました。

本当にまったく気がつきませんでした。そこは広い部屋でしたし、飲食店ですから殺虫剤をまくこともできません。不可能なことを頼んでしまったのかな、と後悔した気持ちも吹き飛んで、「たいしたものだな」と感動しました。お店の人の、「かしこまりました。なんとかいたします」という自信に満ちた言いかたがちょっとうれしかったのです。嫌な顔一つ見せない対応に、「ああ、こうした人が会社にいてくれたら心強いな」と思ったりしたものです。こんなふうに僕もいつも人を探しているのです。

何かが起きたときの対応のしかた、マニュアルに載っていない対応のしかたは、その人がどのくらい当事者意識を持っているかをよく示していると思います。自分が周囲をよい方向に変えていこうという気持ちがなければ、行動を起こすことができません。そして、その当事者意識というのは、あいさつをはじめとするマナーや礼儀作法にもかかわることです。

毎朝、とても気持ちよくあいさつしてくれる人がいたら、僕はその人といっしょに働きたいな、と思います。チャンスとは目立つところにあるとは限らず、ささいなところにこそあるのですね。いくら成績がよくても、そういった人としての魅力がなければ、何かあったときに選ばれないということも知っておくべきです。

優秀な人との出会いは、待っているばかりでは得られません。いつも意識して探し、自分で見つけてこないと手に入らないものです。

そしてもう一つ忘れてはならないことは、僕自身も人に探されている対象になりうるということなのです。ある日突然、「いっしょに仕事をしない?!」と声をかけられる可能性があるのです。そういう目で自分も見られているということも、つねに肝に銘じておかなければなりません。

内側の味方④――時間

四つ目は「時間」です。

時間について僕がとても大切にしているのは、何よりメリハリをつけるということです。一日に二十四時間があるとするならば、そのなかで緩急をつけるということです。

一日中、全速力で走るわけにはいかないのが現実です。ですから、たとえば午前中の三時間は集中してしっかり、そのあと二時間はお昼を入れてゆっくりすごす、その次の二時間はしっかり集中、次の四時間はゆっくり……というふうに、メリハリをつけないと時間は上手に使えないと思います。リズムをつけないとストレスや疲れがたまり、結局、作業も進みません。

いちばんいけない時間の使いかたは「なりゆきまかせ」です。なりゆきまかせにしていると、結果として「やらされている」という犠牲者精神が生まれると思います。よく、世の中が悪い、会社が悪い、上司が悪い、うちの部署が悪い、クライアントが悪い……と嘆く人がいますが、よく話を聞いてみると、たいていこの「なりゆきまかせ」の結果です。

本来、仕事には優先順位があってはいけないのでしょうが、作業効率を考えた上での優先順位をつけて、つねにそれを検討して調整するのも必要なことです。それを差配するのが仕事の技術であり、センスなのでしょうが、メリハリをつけないと仕事の質も下がります。

ですから僕は、仕事を仕上げるために「二日寝ていません」とか「徹夜しました」という人の言葉には感心できません。もしもそうであっても、それは人に言ってはいけないことだとすら思います。「大変だったね」と声をかけてもらいたいなんて思っているとしたら、それは勘ちがいです。事情があるとは思いますが、僕ならば、二日も徹夜しなければ仕事を完成できなかったという状況に陥った自分の無責任さを恥じます。

たとえそれが、会社や上司から与えられた仕事だったとしても、それがどのくらいの仕事量で、どう進めたらよいかなど想像できるはずです。それなら事前に、二日も徹夜をしなくてすむように、状況を判断し、しっかりと先手を打つべきだと僕は思います。

ですから時間という味方のことを考えると、進めかたのリズムと、緩急のメリハリをつけることが僕はとても大事だと思います。

時間を管理してベストコンディションを作る

時間という味方と上手に付き合っていくために、僕は食事の時間をしっかり決めています。朝は六時、昼は十三時、夜は十九時。この時間は何があっても変えません。食事なんて、空いている時間にさっと食べればよいと考えている人に限って、仕事のしかたもだらしなくなりがちに思えます。

きびしい言いかたになりますが、そういう人はスケジュールが組み立てられないことが多いのです。一日のスケジュールが組めない人がどうして一週間のスケジュールが組めるでしょう。一週間のスケジュールが組めない人は、一か月のスケジュールも組めません。スケジュールが組めないということは、なりゆきまかせになりますから、食べられるときに食べよう……となるわけです。そのときはそれでよかった、となるかもしれませんが、長い先のことを考えると、それでは健康にいいはずがありませんし、時間の使いかたもままならない、つまり管理ができないということになります。

食事の時間とともに大切にしているのは、考える時間、学ぶ時間を自分のなかに持つことです。それは一日一時間でも二時間でも、それが無理なら三十分でもいいですから、学ぶ時間を意識的に持つべきです。

今の自分は何を学ぶべきか、本来、それを明確に自分で意識できるのが理想です。自分自身を鏡に映して、その日の自分は何を学ぶべきなのか、を。

学ぶ時間として意外にも使い勝手がいいのが通勤の時間です。人によって異なりますが、だいたい行きと帰り一時間ずつ、合計で二時間くらいでしょうか。この二時間をなりゆきまかせにしないで、積極的に使うのは思いのほか大きなことだと思います。

もちろん読書をするのもよいでしょう。新聞を読むでもよい。スケジュール調整をするのでもよいですね。何をするにしても積極的に使うことが大切です。

ほかに見直しをするならば、働いている時間でしょうか。自分は一日に何時間働くのか。八時間働くのであれば、その八時間で、どのように働くか考え直してみるとよいと思います。もちろん与えられている仕事は、なるべくたくさんこなしたいものです。体調を崩したり、疲れすぎにならないように気をつけて仕事をするのも大切ですが、仕事をしているときにはいつも、「働いている時間の自分はどれだけ会社に貢献できているか」と考えなければならないのです。

会社に勤めている人ならば、どのくらい貢献しているかは数値で考えることができます。一つの目安として、自分の給料から時給を割り出してみましょう。今日一日、それよりも働いていないのであれば、いわば自分は会社にとって「負担」ということです。自分の時給を算出してみて、僕は少なくともその三倍は会社の数字に貢献したいけれど、そのためにはどうしたらよいか、と考えます。そのくらい会社に貢献したいと思って仕事をしなければ、働く面白みがないとも言えるでしょう。そういう意識を持つか持たないか――早く終業時間にならないかな、と時計ばかり見ているのでは困るのです。

会社の歯車、社会の歯車になるというのは、そういうことです。自分は会社や社会の負担になってはいけない、会社や社会に対してどれくらい貢献できるか、そういうことを、今日一日でやることのベースにしておかないと、力が出ないのではないでしょうか。

日本的な働きかたでは通用しなくなりつつある今という時代、できるだけベストコンディションで自分の能率を上げておくことは大切です。

休みの日という時間

睡眠時間と同様に、休日というのもきちんと確保しなければならない大切な時間です。会社から離れて情報を集める、体を休める、家族や友人と楽しむ、なども大切な休日のすごしかたでしょう。休日の時間は、そこに何の目的を持たせるか、ということでその価値が決まります。

僕がいつも忘れてはならないと思っているのは、今日という日は、明日のためにあるということです。今日は今日のためにあるわけではないのです——今日やっている仕事というのは、明日があるからやっている仕事です。そう考えると、日曜日はその次にやって来る月曜日のためにあるのだと思います。

だとしたら、気を遣わなければならないことはいろいろありますね。たとえば、日曜日の夜、たくさんお酒を飲む、ということはありえないと思います。なぜなら日曜日は月曜日のためにあるのですから、日曜の夜に深酒なんてできない。暴飲暴食もしない。夜中まで遊ぶなんてもってのほか。しっかり頭と体を休ませてリラックスして、月曜日からの一週間をどうすごすか考えておく——それこそ社会人の日曜日だと思います。

このように時間についても、それが何のためなのか、どう使うのかということを自分で意識的に考えることが大事だということです。そうすると時間という味方はきっと喜びます。

時間に嫌われたら、暮らしも仕事も破綻してしまうこともあるでしょう。時間にだけは好かれるような自分でいたいですね。そのためには無駄にしないということです。無駄にする、なりゆきまかせ、というのが、もっとも時間が嫌うことではないでしょうか。

内側の味方⑤——お金

「お金」とは、シンプルに考えると、その使いかたで価値が決まると思います。先ほどお話しした「時間」も使いかたが問題ですが、お金の使いかたは、さらに自分で学ばなければなりません。

ですがお金の使いかたは、学校でも教えてくれないし、会社でも教えてくれません。けれども、気がついたら働くようになって、お金をもらうことになるのですが、せっかく手にしたこのお金の使いかたは、誰も教えてくれません。

だからこそ、お金とは何か、どのように使うのがいいのか、自分で意識的に学んでおかないと、あっという間に、四十代、五十代になってしまって、それこそお金に嫌われる人生を歩んでいるということになっているかもしれません。

まず大切なのは、お金に対する意識の持ちかたです。お金のことを口にしてはいけないとか、お金のことを話すのは汚いとか、そういう考えかたではお金という味方と仲良くできるはずがありません。

以前、『松浦弥太郎の新しいお金術』（集英社）でも書きましたが、あなた自身がお金を好きにならないと、お金もあなたを好きになってくれません。お金を好きになるというのは、お金を深く学ぶということで、これは人を好きになるのと同じです。つまり相手がどういう人かよく知るということなのです。

「消費」と「浪費」と「投資」

さて、お金の使いかたには三種類があります。「消費」と「浪費」と「投資」です。

まずは、お金を使うとき、この三つのどれに当たるのかをしっかり意識することです。これは消費なのか、浪費なのか、投資なのか。意識できたら、三つが偏らないようにバランスを保つことを基本と考えましょう。

ふつうの人のお金の使いかたのおよそ七〇パーセントは消費です。これは日々暮らしていくための必要経費ですね。残りの三〇パーセントを浪費と投資にどう振り分けるかがポイントになります。浪費は五パーセントで投資が二五パーセントということもあれば、浪費が一〇パーセントで投資が二〇パーセントということもあるでしょう。いろんなケースがあるでしょうが、少なくとも投資よりも浪費が多いというのではまずいと思います。

では浪費をゼロにすればよいのかというと、浪費をゼロにするのも無理ですし、必ずしも、それがよいとは言えません。浪費というのは人間にとって必要なものだと僕は思っているからです。

あまりにもお金にストイックになると人間はストレスを抱えますし、ちょっとしたことだったらお金で解決できるときもあるのです。たとえば、歩ける距離だけど、タクシーに乗ってしまう（時間を買うという意味での投資の場合もありますが、この場合はそうではなくて）ということがあるでしょう。疲れて歩くのがいやだから、タクシーに乗ってしまおうというような場合です。ささやかなことで、自分の気持ちが晴れて前向きになれるのなら、絶対にダメだと考えることはないと思います。

たとえば、甘いお菓子を食べるとか、衝動買いなども、「投資」とのバランスを考えればいいでしょう。人間はストイックになりすぎると、人としてのやわらかい部分を失っていくものです。人間性としてのクッションの部分を失くさないためにも、適当な浪費は生きていくために必要であるということを知っていたいですね。

では、どのように浪費すればいいのでしょうか。答えは、「これは浪費なのだ」

とわかっていながら使うことです。消費ではなくて、ましてや投資でもない、どうしても必要というわけではない「浪費」という枠は、非難される、後ろめたいお金の使いかたではなくて、わかって使う分には評価したいお金の使いかたです。

ただし、投資よりも浪費が増えないように気をつける。もしも浪費が消費よりも投資よりも増えるようなことがあったら、その次の月はきちんとバランスをもとに戻そうと思えばいいのです。

七〇パーセントに当たる消費、あとは投資と浪費が三〇パーセント、その価値観をしっかり自分のなかでつくっておくとお金の悩みはなくなります。

家計簿をつければすっきりする、というのをよく聞きますが、僕はそれではぜんぜんすっきりしません。なぜなら家計簿は記録でしかないからです。そうではなくて、自分がひと月に得たお金が、消費と浪費と投資にどのように配分されるかを追っていけばいいのです。

お金の使いかたもなりゆきまかせにしない、このようにも言うことができるのではないでしょうか。

内側の味方⑥――ライフスタイルや生活習慣

「ライフスタイル」というと趣味の世界だと思う人がいるかもしれません。でも、本来のライフスタイルという言葉の意味は違います。ライフスタイルとは自分の回りの物事と自分との関係の深さ、そこで生まれる自分の行ないのことです。このことにはこのくらい、別のことではこのくらい……という、自分なりの物事へのかかわりかたがみなさんにもあると思うのですが、それが表れるのがライフスタイルや生活習慣です。

時間やお金もそうですが、ライフスタイルでも目的を明確にすることが大切です。そして、その目的が何であるかを、折にふれ見直さなくてはなりません。

たとえば、朝五時に起きて、ランニングをして、朝ごはんを食べる、というのは今の僕のルールですが、別にそれは確定したものではありません。ですからときどき優先順位や関係の深さを見直して、つねに自分の生活に合ったものに変えていきます。

思えば、家族も仕事も含めて生活にまつわるすべてのことは、自分以外のさまざまなこととの関係性で成り立っています。別の言葉で言うと、みんなつながっているということですね。電車に乗っていれば、いっしょに乗り合わせた人たちというつながりができます。逆から見ると、つねに僕たちの生活は何かとの関係性でできていて、一人でできることなどないはずです。

このことは、そのときどきの生活のなかで生まれるつながりを、当事者として考えなければならないということだと思います。道を歩いていても、電車に乗っていても、「自分は関係ない」ではなくて、当事者としていつもそこにかかわっていこうとする気持ちを持つことです。会社にいれば会社の一員としての責任があるし、だからこそ利益に貢献しなくてはと思います。お店にいても、今このお店のなかの一人としての当事者であるのですから、商品にも敬意をもって接するべきです。どんな場合であっても、自分だけは特別だから関係ないと考えるなんて、もってのほかです。

つねに自分から積極的に周囲と関係を持とうとする態度――ライフスタイルや生活習慣という味方が喜んでくれるのは、そういう当事者意識だと思います。

また、ライフスタイルと習慣というのは、「大切なのはこつこつと続けること」を表す言葉でもあります。

人を助けるために

関係性があるということは、どこにいてもあなたは一人ではないということです。必ずどこかに所属し、他のものとつながっている一員です。大きく言えば、地球という星、地球の一員ですから、人は所属ということからは逃れられません。それならば、いつも人を助けようという気持ちを持たなければ、と思います。

はっきりと表れていなくても、人を助けるという気持ちを、いつも心のどこかに置いてあると、その人は「受け入れる」ということができるのです。

「いつも受け入れてばかりいられない。受け入れがたい事柄もある」という人もいるかもしれません。そもそも物事とは、それほどはっきり白と黒には分かれていません。しかしどうしても白と黒に分けて、答えを見つけたがるのが人間です。白黒を分けるのではなくて、どんなことでもまずは一度受け入れる。結果的に「ノー」という意思表示をすることもあるでしょうが、一度は必ず受け入れる。答えや返事は、自分のなかでゆっくり育て上げて、いずれ出せばいいのです。

自分の回りにある、さまざまなつながりや思いやり、そして大切に育てていく感覚。育てていくということには、同時に自分も育っていくという側面があり、それが学ぶということなのでしょう。

また、人との関係に限らず物事も始まりと終わりの連続ではなくて、すべてが線になってつながっていると考えることができます。自分の日々の生活というのも、始まりと終わりのくり返しではなくて、ひとつながりのものとして成り立っているのです。

だからこそ――これは僕がとても大切にしていることですが――先手を打つ、後手にならない、ということは大事なことです。これは想像力を全力で働かせて、物事のつながりを読んで、万端整えて臨むということです。

料理家の辰巳芳子さんもご本に書いておられますが、「先手、段取り、用意周到、そして念入り」、要するに、「先手、段取り、用意周到」までが準備なのです。つまり仕事や暮らしのほとんどは準備です。準備さえしておけば、あとは心さえこめればいい、というお話で、僕はまさにその通りだと思います。心をこめるとは「ていねいに」ということです。

内側の味方⑦――経験と知識

七番目は「経験と知識」です。

中国の古い言葉で、「知行合一《ちこうごういつ》」というものがあります。知ることと自分の行動には同じ価値があるという意味です。行動や経験を通じてこそ知識が増えるということなのですが、知行合一は、これからの時代、僕は一番守らなければならないことの一つだと考えています。つまり、今のような情報社会だからこそ、自分の目、自分の感覚できちんと確かめたことが知識なのです。

スマートフォンの新しい機種が発表され、世の中はますます便利になりました。いわばコンピュータを持って歩けるようになったのですから。「おいしいレストラン」「時節のあいさつ」に始まり、「相手を怒らせたらどうすればいい」「重篤な病気の症状」などにいたるまで、いつでも、どこでも瞬時に答えらしいものを得ることができます。

その結果、僕たちは「考える」ということから遠く離れてしまったのではないでしょうか。検索という機能を利用して調べればいいのですから、考える必要がないのです。人が考えなくなったというのに、誰もが何でも知っている人になれるのが今という時代です。

こういう時代こそ、「まずは自分で考える」という言葉をしっかり胸に刻みこんでおかないと、あっという間に、「調べればいいや」の方向にのみ込まれてしまいます。

知識とは、自分で経験したり、考えたり、発見して得るものであって、本来、少人数用のものです。少人数のためのものであるはずなのに、その知識がはなから多数派に向かって放たれているというのは、考えたり、発見したりする人間としての生きる喜びを一つ手放すようなことではないだろうか、と思います。

知行合一――本当の知識というのは、自分の行動、経験のなかにあるはずです。ですから行動しなくても知識を得たような気持ちになる要領のよさが身についてしまうのはまずいと思います。

これからの時代の、価値があることや、本物ということは、「実体験を得る」ということにしかないのでしょう。そのときにそこにいたか、それを目の前で見たか、実際に触れたかということが、他の知識を圧倒するようになるはずです。

知識は持っているだけではダメだとよく言われますが、そのとおりで、行動して使わなければ生きてきません。自分に必要な知識は自分の技術によって蓄えて使う。そしてまた新しい知識が身につく。そういうよい循環ができるとき、知識と技術はあなたの味方になるはずです。

内側の味方⑧——道具

僕にとって「道具」とは、選ばれし自分の分身です。ですから八番目の味方は使い慣れた道具です。

道具とは自分の行為の機能を助けるためのものですから、鉛筆一本にしても、自分で選んで、日々手入れをします。ですから僕の場合、道具はむやみには増やしませんし、日々生かされないものは自分の道具として選びません。そして、やはりどうやって使ったら道具はよろこんでくれるか、ということを考えます。

さて、道具の目的とは、先ほどの先手を打つ話につながるのですが、準備のためのものではないでしょうか。自分の生活や仕事を助けて、しっかり行うための準備に欠かせないもの。ですから、道具との付き合いかたは、ときどき取り出して愛でるとか、コレクションするとか、そのような感覚とはちょっと違います。

基本的には、自分の手でできないこと、自分の動きや体や頭を使ってできないことを、その代わりになって助けてもらうために、なくてはならないものなのです。パソコンにしても電卓にしても、はさみ一つであっても同じです。なければならない道具だからこそ、自分の味方になって助けてくれるのです。

なんでもよいと思わず、気に入った道具は身近において使うことによって気持ちを奮い立たせる役割も果たしてくれるでしょう。だからこそ親しい友達であり、自分を助けてくれる強い味方になるのです。自分の味方として道具を扱う。そんなささいなことが日々を何気なく幸せにしてくれるのです。

内側の味方⑨——情報

最後の味方は情報です。

僕はいつも、自分は何も知らない人でいたい、と思っています。何も知らないからこそ、好奇心が生まれ、なんでも素直に吸収し、いろいろ考えられるし、工夫もするし、経験を積みたくて出かけて行きます。人にも会いたくなります。もしも何でも知っているつもりの人になってしまったら、きっと積極的に情報収集しようと思えなくなってしまうでしょう。

そんな僕にとって情報とは何かというと、経験だと思います。それは、テレビで観たり、新聞を読んだり、インターネットを調べたりして得た、二次、三次的な情報による経験ではありません。自分が経験したり確かめたりした本物の情報です。

つねに心がけていることに「三マメ」があります。一つ目は「口マメ」。感謝の言葉は思っているだけでなく、言葉にしてきちんと伝えるということ。二つ目は「手マメ」。感謝を伝えるために手紙やお礼を書く筆マメのことです。三つ目が「足マメ」。自分の足で出かけていくフットワークの大切さを意味します。何かしらのメディアを見たり聞いたり読んだりしただけで、知ったふうにならず、情報収集は実際に自分で出かけて確かめることです。

現代は情報化社会ですから、電車に乗っても、街を歩いても、どこにでも憶測という名の情報が溢れています。すぐになんでも知っている人になれそうな気がするものです。でもそれを正しくて真実だと思っていると、とんでもないことになります。

なんでも知っている人になってしまうと、一見、知的で豊かに見えますが、その人の人生は先細りしてしまうような気がします。

本を読むということ

本を読むという経験、これはどのようなものなのでしょうか。

僕は一冊の本とは、一人の人間であると考えています。

本とは生身の人間が書くものです。ですから、村上春樹さんの本を読むのだったら、「村上春樹さんの話を聞こう」という気持ちでページを開きます。そして自分が考えていることと照らし合わせながら読んでいきます。そうするとこの体験は、情報ではなくて自分の経験になります。自分の情報や経験と合致させて、「あっ、そうだな。これは確かだな」と思ったことが新しい知識になるわけです。

僕にとっての本とはそういうものなので、情報収集を目的に読書をする感覚はあまりありません。

おしゃべりをしよう、話を聞いてみよう――僕にとって読書とは、その感覚に近いのです。それこそ読書の楽しみだと僕は思っています。

僕は『文章読本』（中公文庫）や『思考のレッスン』（文春文庫）などの本を残された丸谷才一さんが大好きで、ほとんどの作品を読んでいます。そして、丸谷さんが書いたエッセイを通して自分の読書法を発見したと思っています。

丸谷さんの本を読むと、丸谷さんが考えていることを話してくれるのを聞いているような感覚になれるのです。そして、存分に読んだあとには、今度は自分の経験と照らし合わせて「ああ、そうかそうか」と納得したり、自分のほうから問い返したりするやりとりが生まれます。それが読書の魅力であることを知り、「そうか、読書っていうのは、単に文字を読むことではなく、人の話を聞くことなんだ」と一つの発見として感じられたのです。そう思うと読書は貴重な経験となり、情報へと昇華するようになりました。

考え続けるということ

さて、自分が持っている「内側の味方」である九人について検討してみました。何度もくり返しますが、どうしたらこの味方が喜んでくれるかを、僕はいつも考えています。日々、仕事や暮らしのなかで試行錯誤して、その答えのようなものを見つけだすのですが、そこで考えるのを止めてはいけないと思うのです。こうしたら喜んでくれるという答えは、「これが決定的な正解」と決められるようなものではなくて、九人の味方それぞれにいつも関心をもって、更新していかなければならないのです。

一度知ったこと、正しいと思ったことであっても、もっとよい考えはないだろうか、もっとよい方法はないだろうか、と更新していくことがとても大切です。いつも考え続けることで新たな答えを発見し、それまでの答えをリセットしていくのです。一度何かを正解だと思ったらそれで満足してしまって、その先は考えることを停止してしまいがちなので注意します。

九人の内側の味方が何であるか、どんな僕を喜んでくれるか、これには最終的な正解はありませんし、時には自分が不正解だと思っていた価値観が一八〇度変わって、いきなり正解になることもありうるのです。それを受け入れられるくらい頭と気持ちを柔軟にして考えなければなりません。

またときには疑うことも大切です。疑うということは、もっとよい考えがあるかもしれない、もっとよい方法があるかもしれないと、要は深く掘り下げるということですから。

つまり、考えたり、疑ったり、悩んだり、いつも心に留めて、チェックをして、練り上げ直すことが必要です。

一つ答えを見つけた、散らばっていた考えをまとめてみた、それだけでは「考えた」とは言えません。最終的な正解はなくても、もっといい答えがあるだろう、またはは今の自分にはもっとぴったりする答えがあるはずだと、いつもいつも考え続ける、それが思索することであり、疑うことであり、悩みぬくことでもあります。歩きながらでも、電車のなかでも、寝る前でも、仕事をしながらでも休みの日でも。そうすると、あるとき、ぱっと新しい答えが見つかる瞬間があるものです。

そしてたとえ答えが見つかっても、その翌日から、再びずっと考え続けるのです。考えると同時に自分は生きて、さまざまなことを経験しているわけですから、ふとした瞬間に答えを見つけるきっかけに出会うこともあります。何かが起きたとき、それを自分のなかのパズルにきちんとはめ込めるようにしておくためには、いつも考え続けているしかありません。

自分の九人の味方については、つねに考え続ける、悩み続ける、もっと喜んでもらうためにはどうしたらよいかと問い続ける。それをいつも心に留めておくことです。

そしていつでも自分は変わるんだ、という意識を大切にすることです。回りの人の視線があっても、自分の感覚が人のそれと違うということがあっても、気にせずふりきっていくということです。

そしてこれも肝心なことですが、自分自身で考えることなしでは、本や人が教えてくれることは自分の身にはつきません。わからないものをなんでも人に聞いたり、パソコンやスマートフォンを手にするのではなく、「まずは自分で考える」ということを習慣化しましょう。

考える、疑う、そして悩む、それらはしんどいことかもしれませんが、成長には欠かすことができない健全な営みであるのを忘れないでください。

たとえば、愛嬌について

さて、九人の「内側の味方」の話を終えるにあたり、彼らとは別に、かわいげや愛嬌などというものも、とても大切にしていることですので、お話ししておきましょう。

先ほど書きましたが、なんでも知っている人になる必要はないし、賢い人になる必要もありません。人に賢く思われる必要もないし、できれば限りなく素直でいるということが大事だと思っています。

そこで、これらの九人の内側の味方とまあまあ仲良くなれたとしても、人とのかかわりのなかで生きていくためには、ロボットのような冷たい自分でいるわけにはいかないものです。じつは、やわらかいクッションのようなところ、人間味があふれる生きかたが必要で、そういうところを持ち合わせていないと、たとえよくできた人間にはなれても、人としての面白さがありません。

人は楽しそうにしている人のところに集まるものです。楽しんでいる人のことが気になるものです。なぜなら、自分もそれに影響されたいからです。ネガティブなオーラを発している人には近づきたくないのは誰も同じです。そして、人が集まるということは情報も集まります。

ですから、あまり自意識過剰にならずに、ありのままの自分を素直に開いて、リラックスすることです。リラックスすることで愛嬌が生まれます。そんな愛嬌ある自分で、世の中とか回りの人と付き合っていくと、いろいろな変化がきっと起きるでしょう。

誰もが「人にどう思われたいか」ということを、気にせずにはいられません。ですが、一度そういう意識を忘れて、素直にやわらかく、人や社会と深くつながることを考えましょう。

かわいげや愛嬌というものは、弱さやかっこ悪さや愚かさなど、そういうことを受け入れ、愛することから始まるのだと思います。強くなければいけないとか、賢くなければいけない——そのような考えかたは、逆に自分をとても不自由にします。

だからこそ、かわいげや愛嬌といった部分を自分のなかに残しておかなければと思うのです。こう考えると、かわいげや愛嬌というのは、いろんなものと関係を持つための接着剤のようなものかもしれません。からからに乾いた人になってしまうと、なかなか人とくっつくことができないものです。

そして、ユニークであることについて

たとえば九人の「内側の味方」が何であるとか、どんな味方であるということは、人それぞれでみんな違ってよいと思います。それは自分で考えればいいことだからです。

つまりそれが自分らしさを見つけるきっかけだったりするのですから。

自分なりとか自分らしさというのは、正しいとか正しくないというものではなくて、じつはユニークということであったりするとも思います。ユニークとはつまり唯一無二ということ。そしてそれが個性であったりするのだと思います。ユニーク、とてもよい言葉だと思いませんか？

ですから、大切な九人の「内側の味方」が、それぞれユニークであればそれはすてきなことに違いありません。正しいことばかりを追い続けるのではなくて、自分らしさの表れとしてユニークというありかたも忘れないでほしいものです。味方の

それぞれと仲よくなる方法は、自分なりに見つけるのが何よりも大切だということです。

さて、では面白さというのは何なのでしょう。僕は「ヘン」ということではないかと思っています。ヘンなことは面白いのです。ヘンだから面白い。

ヘンであるというのは、悪いことだと思われがちですが、それは間違いです。マイナスなもの、ネガティブなものではありません。ヘンというのはとてもよいもの、プラスなものです。イギリスでは、ヘンなことを「エキセントリック」と表現しますが、それもとても個性的ですてきであるという意味です。

なぜなら人はヘンなものしか好きになりませんから。あたかも正しいことを心から好きになったりすることはないのです。

ユニークとかユーモラスなもの、ヘンなことに人は魅力を感じるものです。ヒットする商品は、たいてい最初は「ヘンだ」と言われるものです。

人も同じです。「ヘンだ」と言われるその先には、「素晴らしい」、「魅力的」と言われる未来が待っていることがきっとあります。ですから、自分のなかのヘンなところにふたをしたり、つまんで捨てるようなことをしてしまうのは、じつはとても不幸だと思います。自分にとっての短所もなくそうとはせず、愛してあげるのが一番よいことなのです。

鎌田實さんの言葉

『○に近い△を生きる』（ポプラ新書）、『がんばらない』（集英社文庫）などの本を書かれている医師の鎌田實さんの言葉で、「なるほど」と感じ入ったことがあります。

「世の中は、○か×で物事を決めすぎるところがある。でも、○ならよいのかというとそういう時代ではなくて、○つまり正解とか正論ということで、人を豊かにするものは、じつは一つもないのだ。では何かというと、△。○と×のあいだには△

があるだろう。△という生き方がじつはいちばんちょうどいい」という内容のことです。

「いいなあ」と思いました。物事はプラスとマイナスだけでなくて、ちょうど真んなかに△というのがあって、○に近い△というのが理想だよね、と。

かっこよすぎるとか、素晴らしすぎるとか、あまりに正しすぎるというものには、人は距離を感じるものです。ですから、○に近い△くらいのちょうどよい感じに、私たちは一番親しみを持つのです。

「愛嬌」や「かわいげ」、「ユニークさ」とか「ヘンなもの」というのも△に当たるのでしょう。ともすると、人は△という存在を忘れがちですが、その価値観は心に留めておくとよいものです。そうすると自然と余裕も生まれそうです。

もう一つ、鎌田先生がおっしゃっていたことがあります。

自分がしたいものとか自分が持っているものが一〇〇あるとしたら、九九パーセントまでは自分のためでいい、けれども一パーセントだけは人のために残しておこうよ、というものです。これも関係性について心に響いてくる言葉です。一〇〇パーセント、つまり全部自分のものにしてしまうと関係性が生まれないから、一パーセントだけでも人のために。どんなことでもよいから人のために。半分というのではハードルが高いでしょう。でも一パーセントならきっとできると、そう思えます。

Ⅲ 人間関係のなかに味方を作る

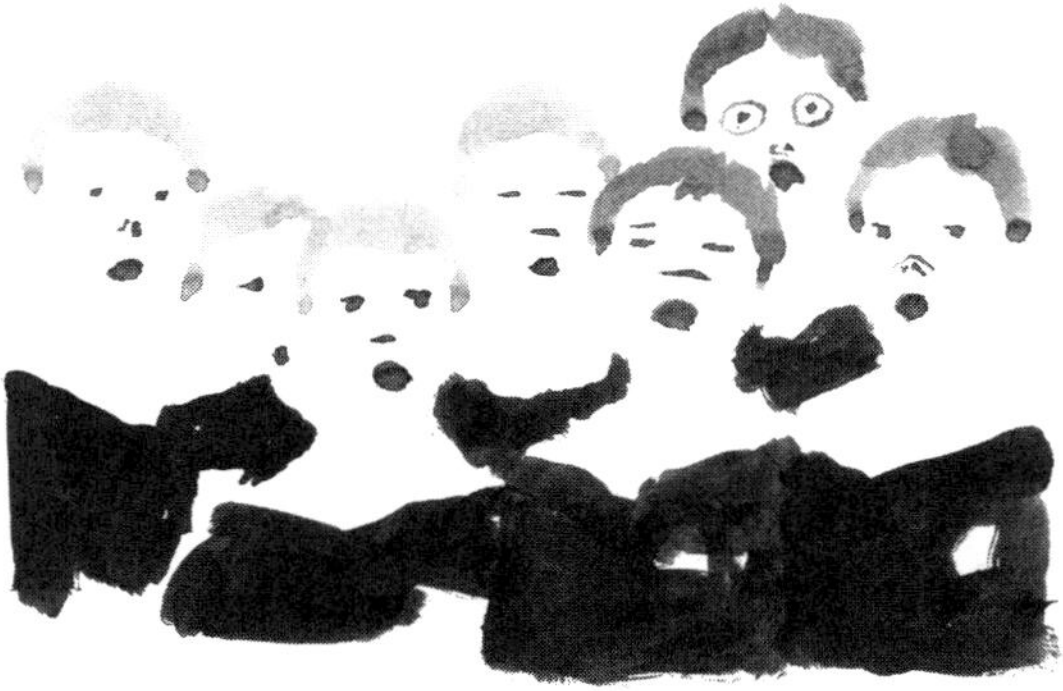

人間関係を見直す

人はつながることで生きている——あなたの回りにいる人たちも、当然、大切な味方と考えます。いわゆる人脈とか人間関係、もしくはコミュニティ（仲間）、家族と呼ばれる存在です。彼らは「内側の味方」以上に、心強い「外側の味方」になって支えてくれ、助けてくれるでしょう。

さて、「外側の味方」に、どうしたら自分の助けになり力になってもらえるのか、もしくはどうしたら大事なときに支えてもらえるのか、それをいつも考える自分でありたいと思います。

九人の「内側の味方」の場合と同じように、彼らがどうしたらうれしいと思ってくれるのかを考えましょう。まず大切なのは、信用と信頼を築くことです。これは家族というとくに身近な人間関係から始まり、古くからの友人たち、たまたま仕事でできた新しい人間関係にいたるまで、みな同じだと思います。

信用と信頼というのは、当たり前のようでありながら、家族であってもそれを得るのはなかなかむつかしいものです。自分が困ったときだけ何かを頼みこんだり、連絡をするようなことでは、体よく断られるのも当然です。自分の都合に合わせて相手の力を借りるという態度はいかがなものでしょう。

自分のほうからお願いばかりしていても信用と信頼は築けません。いつも自分から相手に与える意識を持つのが大切です。何かをしてもらったら、それと引きかえに自分も与えるという考えではなく、つねに先に自分がたくさん与えようとしてみてください。相手がうれしいことは何だろう、安心することは何だろう、得をすることは何だろう、助かることは何だろう、と考え、思いつくことはすべてしてあげようという気持ちを持ちましょう。

そういう日々のなかからはじめて信用と信頼が築かれていくのです。自分の都合が終わったら、後ろを向いて背中を見せるようではいけません。いつも自分の回りにいる人々に対し、背中を見せずにいることを心掛けましょう。ふだんからあなたがそうしていれば、困ったときには必ずたくさんの手が差し伸べられます。そして、あなたの知らないところで、たくさんの人々があなたを守ってくれます。しかし、それはお互いさまでもあるのです。原理原則でありますが、あなたがしてもらってうれしいことを、相手にもしてあげる。たったそれだけのことなのです。人間関係の絆はたったそれだけで固く結ばれていくのです。

信頼と信用という宝物を得るために

「とても優秀だけど一年に二、三度、大切なときに必ず会社を休む人」と、「何があっても休まずに、遅刻もせず、必ず会社に来る人」がいるとしたら、あなたはどちらを信頼しますか？

僕は迷うことなく、後者を選びます。大切なときにいない人というのは、それが一年のうちのたった一日であっても、信頼を欠いてしまう要因になるのです。いてもらいたいときにいる。いるかいないかを気にすることなく、いつもいてくれる。これはとても大きな信頼と信用ではないでしょうか。

また気兼ねなく連絡を取り合えるというのも、一つの信頼の形であり、大きな信用を得ることができることです。これはふだんからのコミュニケーションがものを言うのですが、たとえば電話をしたときに、こちらが名前を名乗る前に、「～さん、こんにちは。お元気ですか」と笑顔で言ってもらえるのと、ただ「はい」と一言しかないのでは、どちらが次にまた電話をしやすいでしょうか。これは電話だけでなく、面と向かってあいさつをしたときにも言えることです。手紙のやりとり、メールのやりとり、すべてに共通することです。

自分にとって必要なときは愛想がよく、相手からの問いかけや投げかけには愛想が悪いのは、自分勝手もはなはだしいでしょう。それでは信頼や信用を得ることはできませんし、誰も味方にはなってくれません。とは言え社会生活をしていく上では、みなさん外面よく付き合ってくれるでしょうから、自分では気がつかない人も多いのです。注意しなければいけません。

そのくらい信頼・信用ということを、日々、大切なものとして考えているのですが、それを支えるのは健康だと思っています。月曜日から働いて、週末には休む。そして新しい週の最初の日には、ベストコンディションで仕事をはじめる。このような健やかな働きかたが、じつはとても大切なのです。月曜日に眠たそうな顔をしているとか、体調を崩してお休みというのは、厳しいようですが、信頼と信用という意味では失格ではないでしょうか。

ですから、僕は月曜日の朝、みんながどんな顔をして、どんなあいさつをして、どんな様子で席についているか。そこをよく観察してから仕事を託します。

土曜日、日曜日は休業日ですが、それでも月曜日に備えておかなければなりません——自分の将来や自分の成功など、何かを会社に求めるのであれば、月曜日はきちんと一〇〇パーセントに充電された自分で出社する。そのくらいはできないと、なんの信用の積み重ねにもなりません。それに気づいて努めることも、じつは仕事の技術であり、社会生活におけるセンスです。

五年間、一度も遅刻せず、休まずに皆勤賞だったら、それはもう素晴らしい信用になるでしょう。僕はそういうほうが好きです。この人ならしっかりと仕事をやってくれているのだと実感できますから。


自分の責任を果たしていくとか、「外側の味方」と信頼関係を保っていくというのは、簡単なことではありません。どちらかというと、大変でつらいことなのです。だからこその心がけをどう楽しむかが、その人らしさなのだろうとよく思います。

信用を積み重ねるというのは、山の頂上まで登っていくのに似ています。高い峰に向けて厳しい道をこつこつ登っていくのですが、つらいつらいと思いながら登るか、つらいけれど楽しもうと思い、笑顔で歌をうたって楽しんで登るか、それは自分次第ということです。小休止したり、ときには無理をしたり、そして振り向くと、自分が歩いてきた道のりが眼下に広がって見えるでしょう。

人生という山を登っていくあなたを見守り、困ったときには手を差しのべてくれ、何かあったら背中を押してくれる人たちがいます。信用や信頼で結ばれた、「外側の味方」です。

外側の味方①——家族は「守る」

自分をめぐる人間関係を分類するとおおよそ七つが考えられると思います。

1 家族
2 友人
3 社内の人・同僚
4 社内でも社外でも自分に仕事をくれる人（上司も含む）・クライアント
5 知り合い・取引先の人

6　SNSなどでつながっている、顔の見えないオーディエンス
7　敵

これからこれらの自分の「外側の味方」を一つひとつ考えていきましょう。

まず、最初に考えたい味方は、なんと言っても「家族」です。

家族については、僕はともかく最優先にするべきだと思っています。家族だからと、甘えて犠牲にするようなことはけっしてしてはいけません。ついつい仕事が忙しい、疲れているからなどの理由をつけて、家族をないがしろにしがちなのですが、そのツケは最後には自分にめぐってくると思います。

家族という味方に対して僕がこうしようと決めていることは、何があろうと自分のいのちに代えてでも「守る」ということです。いつも考えるのは、家族を「守る」。自分の両親、祖父母、兄弟もそうだし、もしも結婚していれば相手のこと、相手の家の家族も同じように、ともかく、自分が必ず守るということを、毎日の心

がけにし、そのための行動を優先したいと思います。

家族は、つねに直接的な力になってくれるわけではないかもしれませんが、どんなときにもあなたの支えになってくれる大きな味方です。家族がいてくれるからこそ、今の自分がいると感謝しなければいけません。自分が元気でいるために、いつも支えてくれる家族はもっとも大切にするべきです。そのためには自分が家族を守るというのを忘れてはなりません。

自分が守るんだ、と家族のそれぞれが思っていれば、理想的なのです。

ある料理家の先生に教えていただいたこと

先日、ある料理家の先生と話をしていて、はっとしたことがあります。僕が「家庭料理とはなんでしょう」と尋ねたとき、こんなことを教えてくれたのです。

「家庭料理とは、外でお金を出しても食べられないものです。家族のそれぞれが、外であれこれとおいしいものや話題になっているものを食べてきたり、忙しくて簡単にしか食べられなかったりする毎日のなかで、疲れた身体の調子をととのえてあげられる料理が家庭料理です」と。

外でお金を出して食べるような料理を作るのではなく、体が休まるような、調子がよくなるような料理は何だろうと考えて作られる料理——それが本当の家庭料理なのです。

さらにこの料理家の先生は付け加えました。

「家庭料理に技術はいりません。必要なのは知恵と愛情です」

この言葉に僕はとても感動しました。

家庭料理の目的とは、お店で食べるような料理を家でも食べられるとか、プロが作るような手の込んだ料理が作れるということではなくて、自分や家族の心や体を癒すためには、どんなものを、どうやって食べればよいかよく考えることです。料理のためのテクニックは二の次、三の次。

家族を「守る」というのも、これと同じことなのです。たとえ外でどんなことが起きていても、家庭のなかでは思いやりを持って寄り添う。心や体をつねに気づかい、どうしたらよいか考え続けること。その気持ちをけっして忘れてはいけません。

外側の味方②——友人は「助ける」

二番目は友人です。

家族というのは他の人と比べるとちょっと特別な存在ですから、それ以外で考えると、友人というのは、人間関係において、自分のもっとも身近な存在で、一番大切にしたい味方です。何も持っていなくても、何もできなくても、心の通じ合った友人がいれば、なんとか生きていける、そのように思っているくらいです。

僕がいつも友人に対してこうしようと決めているのは、「助ける」ということです。何があっても、友人のことは見捨てずに助けるのです。

もう一つ、何があっても「つながっている、つなげておく」。必要なときにだけ連絡するのではなくて、手紙を書いたり、会ったり、贈りものをしたりするのを欠かさず、いつまでも太いつながりを持っていようと思っています。何があろうと友人に対して自分は友人でいつづけること。当たり前のようでむつかしいことですが、僕はこれを自分の一つの教訓にしています。なぜなら、自分にとってそれがいちばんうれしいことだからです。

じつは僕には友人は五人しかいません。僕にとって友人は、どんどんふえるようなものではないのです。知り合いはふえますが、友人は五人いれば十分だと思っています。いや、五人もいてくれてありがとうとさえ思うのです。

たとえば、僕が電話をして、「困っているから今すぐに来て」と頼めば、朝だろうと夜中だろうと彼らはすぐに飛んで来てくれるでしょう。友人とは互いにそういうときに遠慮なく連絡できる存在なのです。僕の器ですと友人は五人ですが、友人の数は人それぞれでしょう。こんなふうに友人とはつねに助け合うという絆を分かち合いたいと思っています。

毎晩、僕は寝る前にベッドの上で、今日一日にあったことを一つひとつ振り返り感謝して、「ありがとう」と声にして言いますが、最後に、「僕の友達、○○さん、△△さん、……今日もありがとう」と言います。そのときに名前が自然と挙がるのが、自分にとっての友人でしょう。一日の終わりに誰の顔が浮かぶのか。それも自分の味方を知るために試してみるとよいでしょう。

僕にとって友人の定義とは、自分よりも大切だと思える人のことです。自分のすべてがどうなっても助けたいと思える人。ですから、そう思える友人がほんの少しでもいてくれるだけで、僕は生きていけると幸せな気持ちになれます。

くり返します。友人には、とにかく「助ける」ということと「つながりはずっと太くあるように努力する」ということです。それができれば、たとえ数年会っていない友人だって、大切な友人の一人です。

外側の味方③——社内の人・同僚は「報告をする」

三番目がいっしょに働いている同僚や先輩です。仕事という場面でそれこそ助け合い、自分にさまざまなことを指導し、教えてくれる人たちなのですが、この人たちに対して僕がこうしようと決めているのは、つねに「報告をする」ということです。

ちょっと堅い言いかたですけど、自分が今何をしていて、何を考えて、どうしたのか、どういう状況なのか——それらを回りの誰かに聞かれてから応えるのではなくて、いつもコンスタントに自分のほうから話していくよう心がけています。それは積極的に自分から心を開くことでもあります。

仕事の場、職場のなかでならなおさらでしょうが、自分が何をしていて、どういうことを考えていて、何に悩んでいて、何がしたくて、ということを、しっかり話すことは、相手から見るとてもうれしいことなのだと思います。きっと自分に関係がなくても、「ああ、そうなのか」と気持ちよく聞いてくれるでしょう。

そうやって話をしたり、報告したりすることで、相手にはあなたからの信用の気持ちも伝わります。ですから僕はいつも、自分のほうから、「少し最近の話をしに行ってもいいですか」と年上の先輩をお誘いして、今の自分のことを詳しく報告しています。

これは、先方が僕の様子を聞きたいかどうか、ということではありません。「最近どうしているの？　ちょっと最近の話を聞かせてよ」と言われて話すのとは違います。

同じように、仕事の場面でも、「そういえば、あれ、どうなった？」と聞かれて応えているようでは、遅すぎると思います。

この「声がかかるのを待つのではなく、自分のほうからまず動く」ということもポイントなのです。いつでも先手を打って、相手から聞かれる前に、相手が知っておくべきこと、知っておきたいことの報告をするようにします。そのためには、相手がどんな事柄を聞かせてほしいのかについて、あらかじめ観察し準備しておくことも大切なことです。相手の立場になって考えるということです。

たとえ相手が話に反応してくれなくてもいいのです。大丈夫です。大切なのは、コンスタントにいつも自分が相手に話しに行くことです。

僕も、お世話になった人、自分のメンターだと思っている人には、定期的にうるさいくらい報告しています。

報告することに加えて連絡、そして相談、社内でのこの三つのコミュニケーションをよく「ホウレンソウ」と呼びますが、尋ねられる前に相手が望むような報告ができ、端的なことばでの連絡を欠かさず、誠実さを持って素直に相談することができる人は、どこに行っても必ず望まれる人です。

同僚と話をするときも、僕は仕事にかかわりのあること以外にも、家族のこと、プライベートのこと、休みの日のことなどさまざまな話題をどんどんしています。

こんなふうに自分が心を開かないかぎり相手も心を開いてくれないというのは道理で、視点を変えれば、自分が心を開かないから、表面的な付き合いしかできない、ということだと思います。わかってもらいたい、知ってもらいたい、伝えたいことがあるなら、まず相手に対し、自分の心を開くことからはじめるということを知りましょう。

年上の人との付き合い方

価値観やライフスタイルが自分とは異なる年上世代の人に味方になってもらうのを、めんどうなことだと考えていませんか。現役引退したような人たちの考えは古いし、話は説教臭いし、過去の思い出話はつまらないし、と思ってしまうのも仕方がないかもしれません。しかし、彼らも昔は、自分と同じようにプレイヤーだったのです。その人たちの力を借りることができれば、もっとうまく行くことはたくさんあると僕は思います。僕たちは、自分たちよりも上の世代をどうしても否定してしまいがちですが、それは改めなければいけません。わからないだろうとか、新しいものを理解していないだろうとか、自分たちと考えかたが違うだろうとか、それは本当に損な付き合いかたです。

僕は、今ではあえて自分より一世代年上、二世代年上の人と積極的にかかわるようにしています。若い頃は、そんな年上の人たちをなんとなく敬遠していました。やりにくいと思っていましたし、めんどうくさいという気分もありました。そこでたとえば、人というのは「一冊の本」だと思ったらどうでしょうか。僕はとりわけ年上の人たちのことをそう思っているのです。

本はこちらから手を伸ばして、開いて、読み進めれば、必ず何かを教えてくれます。何もしないのに勝手に本が開いて、教えてくれるということは絶対にありません。不得意な人、年上の人というのも「一冊の本」であると考えます。彼らは貴重な一冊の本なのです。本であれば、自分がページを繰って、ときには努力をしてでも読み進め、いろんなことを知ろうとするでしょう。

しかも相手は話ができる本なのですから、わからなければ質問をして、教えてもらえばよいのです。そういう接しかたを心がけるようになってから、年上の人とのコミュニケーションがうまく行くようになりました。年上の人には自分の本棚の「一冊の本」として味方になってもらえばよいのだとわかったのです。今のあなたが関心のあることについて書いてある本ではないけれども、一冊の本としてみればきっと面白いこともあるでしょう。

そう思って耳をかたむける意識を持つようになったら、じつは豊かで楽しいコミュニケーションを発見することができました。

自分より上の世代は、自分の知らないたくさんの経験を積んでいると考えて間違いありません。僕も若い頃は、「この人わかっていないな」と思っていたものですが、じつは逆に何ごともよくわかっていたりするものです。それがなかなか侮れない「一冊の本」なのです。しかも頼りになる味方なのです。

外側の味方④――仕事をくれる人・クライアントは「けっして損をさせない」

四番目。社内でも社外でも自分に仕事をくれる人（上司も含む）・クライアント。つまり自分に仕事を与えてくれる人です。ふつう社内の人や上司をクライアントとは言いませんが、自分に仕事を与えてくれる人として、僕は心のなかでクライアントと呼んでいます。自分に仕事を与えてくれる存在として、ほかに「取引会社」というのも考えられます。

クライアント・仕事をくれる人に対して、僕がこうしようと決めていることは、自分が仕事にかかわった人に「けっして損をさせない」ということです。この人たちとの関係においてはそのひと言に尽きます。徹底的に「得をさせる」ということです。

仕事を与えてくれたときには、僕のほうが得をします。でも結果が出たときに相手が得をしていなかったら、「この人と仕事をしたら損をした」という気持ちが必ず湧いてくるでしょう。相手が会社でも同じです。「この人に仕事を与えたら、結果が出なかったな」ということになります。それが積み重なったらどうでしょう。自分にとって致命的なことになります。

仕事をくれる人に損をさせないというのは、金銭的なことだけに留まりません。相手の手柄を作る。環境とか人間関係のことでも、相手に得をさせることができるのです。

いろいろな意味で相手に儲けさせる、感情的にも喜ばせる——そのためにはどうしたらよいか、それを徹底的に考えてみてください。相手をうれしい気持ちにさせることには、満点はありません。つねに想像力を働かせ、全力で取り組み、けっして損をさせない。隣の席の同僚であろうと、上司であろうと、クライアントであろうと、仕事をくれる人に対しては、僕がいることで得をしたと絶対に思ってほしいのです。ひたすら相手が儲かることに尽くします。自分の儲けはその後で遅くはありません。

「けっして損をさせない」ためにできる始めの一歩

いっしょに仕事をしている人が、得という幸せを感じること、それはみんなが健康である、そしていつもにこにこしている、疲労をためていない職場であると感じられることも挙げられると思います。

そのためには、職場が清潔であるということに力を注ぐのも、相手に損をさせないことになるでしょう。ゴミが散らかっていない。トイレがきれい。水回りがきれい。傘立ての傘がいつも片づいている。仕事道具が整理されている。窓がきれい。作業台がきれい。

自分がその場所や道具を使ったときは、自分が使う前よりもきれいに片づけ、使い終わるということを心がけましょう。それはあなたの仕事ではないかもしれませんが、そこまで自分の仕事としてやれば、会社は大喜びです。あなたがいればいるだけ、動けば動くだけ、一つひとつがきれいになっていくという状態ならば、会社は得だと思うでしょう。

そうすると、「この人がいるとよい気持ちで仕事ができる」、「給料の何倍もこの人は働いている」、「この人なしでは困る」ということになるのです。そうなればあなたが何かを思いついたら、それが突拍子もないアイデアであろうと、みんなが「味方」になって協力してくれるでしょう。この人が本気でやりたいのなら、全員で「味方」になり、協力しよう、とみんなが思うでしょう。

「けっして損をさせない」にはこういうやりかたもあるということです。

外側の味方⑤——知り合い・取引先の人は「つなげる」

五番目。知り合い、取引先の人。アウトソーシングもここに含めます。

こういう人たちに対して、僕がこうしようと決めているのは「つなげる」ことです。人と人とをつなげる――自分の人脈も惜しみなく人にもあげていきます。この人とこの人がつながれば、きっと成功するだろうなとか、喜ぶだろうなと思ったときは、すぐに自分のほうから一生懸命、動いて人と人とをつなげていくことを考えます。

ふつうは人脈ができてくると、自分のブレーンやネットワークを、人に簡単に紹介したり、教えたりするのは避けるものです。ブレーンや人脈は、仕事をしていくためのいわば命脈とも言えるものですから。簡単に人に紹介したり、教えてあげることを、当然ながら誰もが嫌がります。

けれども、人の流れを自分のところでせき止めてしまうのは、けっしてよいことではありません。自分に利益がなくても、人がそれを必要としているのであれば、紹介するし、紹介した上でお互いがうまく行くように根回しをしたり、できる限りの面倒もみることです。

それはいつか、めぐりめぐって自分のところに返ってくるのです。逆に、人につなげていく営みなしには、自分のところにもよいつながりが回ってくるはずはないと考えています。

自分が人と人をつなげるハブになることで、つながりという「味方」が生まれます。つながりとは、言葉の通りネットワークです。広く深いネットワークという「味方」が、どんなに自分の将来に役に立つかははかり知れません。

自分の手柄や、自分の役に立つことでも、この人に渡したらもっと有効になると思えたら、僕はそれを人に渡すのに一つも躊躇しません。

いろいろな情報やものと接するときに自然に思い浮かぶ何人もの人の顔のほうが大切だと思うのです。「これは僕でもよいけれども、でもこの人のほうがもっと上手にやるだろう」、「この人がぜったい喜ぶだろう」、「この人のほうが成功するだろう」と思ったら、どんどんそちらへ回します。

たとえれば、おいしいものとかすてきなものを見つけたら、自然に顔が浮かんできて、自分のためではなく、その人にプレゼントしてしまった――そういう感じです。

それができるのは、きっと自分も人にそのようにしてもらっているからでしょう。その流れを自分のところでせき止めたくはないと思うのです。

外側の味方⑥——顔の見えないオーディエンスは「発信する」

ツイッターやフェイスブックがさかんな今は、顔の見えないオーディエンス（隣人）という存在と、どのように付き合っていくかを意識するのも大切でしょう。

これからの時代において、ＳＮＳは人とのつながりに欠かせないものになっていくのだろうと思います。ですから大いに利用すべきでしょう。そして、ここで大切なのは、自分から「発信をしていく」ということではないでしょうか。

自分の発信を見ず知らずの人と共有するのは無理ではないかと考える人もいるでしょう。けれども、物事にはやってみないとわからないところがあって、実際に行なってみて初めてわかることもあるのです。

たとえば、自分を必要としてくれる人がどこにいるかは誰にもわかりませんし、自分の何を必要としてくれるか、何を面白いと思ってくれるか、それも行なってみないとわからないでしょう。

そうです、まずは、やってみることが大切なのです。行なってみれば、必ずわかることがあります。行なってみなければわからない発見が必ずあるもので、「こういう発信が人に役立つんだな」ということが見つかるはずです。

それが見つかったら、しめたもの。止めることなく、定期的に発信し続けるべきだと僕は思います。

発信すれば必ず受け取ってくれる人はいます。ここでの「味方」は、自分が発信することを受け取ってくれる人がいるという貴重な一体感です。

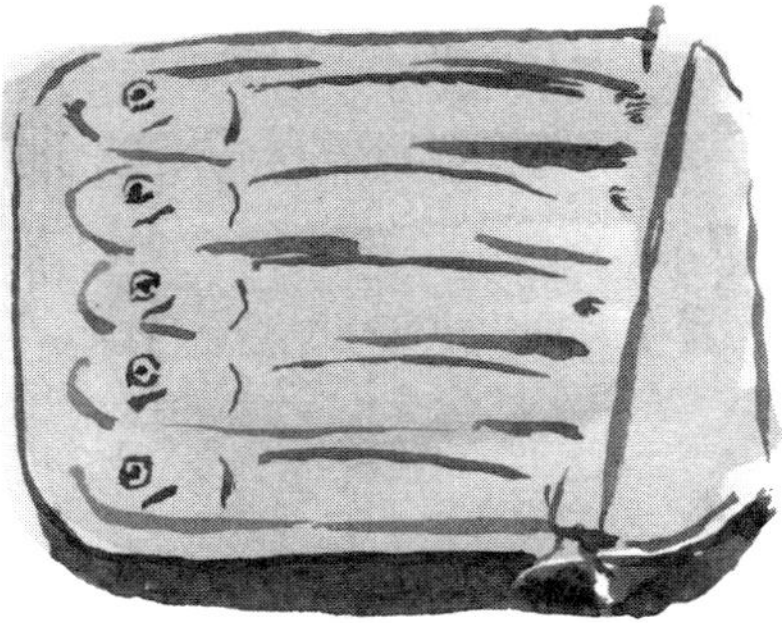

本当のグローバル化とは交ざっていくこと

「グローバル化」という言葉はあっという間に世界を席巻してしまいました。いろんな人種の人たちとコミュニケーションをとって、共に何かをしていく、同じグラウンドでプレーする機会は格段にふえてきています。自分と同じような能力やスキルを持った優秀な人たちと、積極的に交ざり合って生きていくということを受け入れないともったいない、それが今という時代です。

僕は日本人です。グローバル化した世界を生きるというのは、ひとつの考えかたとして「日本人を捨てる」ということじゃないかと思っています。日本人ではなくなる、ということです。

僕は、日本人の素晴らしいところ、日本人ならではのところがとても好きですし、自分にとっての宝物だと思っています。しかしその、「日本人である」ということは、持つ持たない、捨てるとか捨てないというレベルの話ではなく、すでに自分のDNAにまでしみこんでいるものなので、どういう生きかたをしても身についていて、残るものなのです。

つまり僕にとってのグローバル化というのは、「日本人でなかったら何人になるのか？」ということを見つける手段だと思います。

きっと答えは、「世界人になる」ということなのだろうと思います。日本人だから、日本で起きていることだけが心配で、ほかの国のことはほかの国で行なえばいいという考えは、じつはおかしな話で、地球の裏側で起こっている話も自分のことのように考えられるし、考えるべきだと思うのです。心配するべきことは心配し、真剣に考え、うれしいことであれば喜ぶ。「僕は日本人だから」という感覚を持っていると、そういう自由で広い世界で生きている気持ちにはなれません。

どこかに錨を下ろした状態では、いくら英語が堪能でも、グローバルなライフスタイルというのはかなわないでしょう。

そういう意味で、いつも感心するのは中国人です。中国人は、世界中どこに行っても必ず出会います。

二十歳くらいのときアメリカで暮らしていた僕は、その地の中国人を見たとき、本当に脅威だと感じました。ニューヨークにはチャイナタウンがあり、たくさんの中国人がいたのですが、ニューヨークにいる中国人の多くは、すなわち国を捨てて来ているのです。もう帰らないし、もう帰れないという覚悟でアメリカで生活を築いているのです。僕は別に日本を捨てて来ているのではなくて、日本に帰る場所があるという気持ちでニューヨークに来ていたわけです。そんなのでは、中国人に勝てるわけがありません。そのときにつくづく思ったことは、自分が世界で成功するために国を捨てて来る覚悟があるというのは、本当に強い力だということです。これはもう三十年近く昔の話ですが、本当のグローバル化というのは、それに近いものがあると思います。

日本人であるという意識を忘れて、人と付き合っていく。この世界に交ざっていく意識が真のグローバル化だと思います。

塀をつくらない。ドアを開けておく。島国というのはそれだけで外から守られているのですが、そういう僕たちから見ると、国境がつながっている国の人たちというのは、人と人とのやりとりとか、国対国のやりとりに長けていると肌で感じた体験です。

外側の味方⑦——敵は「認める」

自分に味方がいるということは、必ず、それと同じ数の、もしくはそれ以上の敵がいると考えていたほうがいいでしょう。

じつは僕は敵という存在をとても大事にしています。自分を嫌っている人や自分を批判する人の言っていることというのは、ほぼ一〇〇パーセント当たっているものだからです。ですから、彼らの意見は素直に受け止めたいといつも思っています。

敵という存在は、つねに自分を客観的にチェックしてくれる人です。「何をしてるんだ」、「何を書いているんだ」、「何を言っているんだ」ということを厳しい目でチェックしてくれる人。そういう人がいるだけで、僕は仕事に緊張できますし、ますます力が出てきます。

自分を嫌いな人たちや自分を批判している人たちに対して、僕がこうしようと決めていることは、とにかく「認める」ということです。無視をしないことです。なかなかできそうでできないことですが、それが大事なのです。

敵だった人が何かの拍子に「味方」になる体験はみなさんにもあると思います。ですから僕は、相手は僕のことを嫌いでも、自分は相手を大好きでいようと努めます。

そのためには、まず僕自身が心を閉じないということです。どんなときにでも限りなく素直でいたいと思っています。

「暮しの手帖」の編集長として仕事をしていれば、あらゆる意見の手紙を送ってくれる人がたくさんいます。僕は、そのすべてに返事を書いています。けっして無視はしないことにしているのです。「心して読ませていただきました。ありがとうございます」という内容の返事です。反論も言いわけもせず、「真摯に受け止めさせていただきました」ということだけ伝えたいのです。

長年、そうしてきたなかで、返事を受けとっただけで、もちろん相手は相変わらず僕に意見があるのでしょうが、そういった感情が収まったという経験が多々ありました。さらにある時点で何かが起きて、その人が自分の味方に変わったということも一度ならず起きました。

きっと、どんな相手でもまず受け入れようとする姿勢を持つことには、自分の敵でさえ味方にしてしまう力があるのでしょう。

ですから僕は、今でもあらゆる種類の手紙をたくさんいただきますが、必ずそれに返事を書きます。パソコンでなくて手書きです。そうすると、忘れた頃にもう一度手紙が来ます。その人に何が起きたかはわかりませんが、こんな手紙です。

「ずいぶん前に、あなたを批判した者ですが、その後もあなたがやっている仕事をずっと見てきました。私はあなたに謝りたい。なんてひどいことを書いたのだろう、私は誤解をしていましたし、間違えていました」

そういう人ほど、自分の住所を書いてこないものです。僕はそれに対して返事を書きたいのですが、書かせてくれない。すごいことだなと思います。

近しい人間も敵も、同じように素直に受け止める、それだけで思ってもみなかったいろんな力が働くのです。「敵」を敬い、大切にする。なぜなら「敵」は「味方」でもあるからです。

なすべきことを続ける姿

人の感情は複雑です。ただ単純に、「あなたは間違えている」と言えればよいのですが、そこにはいろいろな感情が絡んでいて、簡単に気持ちを伝えられないこともよくあります。

けれども、どんな方法で何をしようとしても、自分が一途であるというのは、大きな力になり得るという気がします。周囲の人があれこれ言っても、あるいはそれがつらいことであっても、こつこつとただひたすら続けているという姿は、なにかしらの感動に値するのではないかと思えるようになりました。

ですから敵ができたとき、あなたが敵に対してとるべき態度は、ただ淡々と自分がなすべきことを真剣に続けていくということでしょう。貫いている姿というのは、敵の心をも打つということです。

僕にも苦手なタイプの人というのが少なからずいます。けれども、何かをこつこつとし続けている人には、いつかしら尊敬の念を抱いています。そしてある日突然、ささいなことがきっかけになり、自分が苦手だと思っている人の大ファンになっていたりするのですから驚きです。その人を好きになってみると、今まで誤解していたことがわかるというわけです。

ここで言いたいのは、自分に批判的だったり、否定的だったりする人たちというのは必ずいる。だけれども、その人たちに対して心を閉ざすというのはもったいないし、よくないことだ、ということです。

心を開き、敵である彼らを大切にしていけば、やがて「敵」も「味方」になってくれます。ただそれには時間がかかります。五年、十年という月日が必要なことだってあります。けれども、必ずいつか人は変わる、そういうことを起こせるのだと思います。

いろんな価値観を生きる

「厳選された材料で、手を抜かずに作られたものはいい」。それは誰もが知っていることです。けれども、人がいつでもそれを選びとるかというと、けっしてそうとは限りません。

先日、あるお菓子工房の女性シェフとお話をしていたときのことです。

その人の作るお菓子は、できるだけ添加物などを使わず、よい材料を厳選して、一つひとつ手間をかけて、作られる焼き菓子です。本当においしいと思う味が作り出す幸せを学びたくてお菓子作りを学んでいる彼女です。これは高価だけれどもおいしい材料なので使ってみようとか、これは身体によくないからやめようとか、手間はかかるけれどもこの方法だと絶対においしいということをよく考えて、時間とお金と労力を惜しみなくかけてお菓子を作っているのです。その彼女が、材料の質やおいしさは確かなのに、それだけでは自分のお菓子がなかなか世の中に広がらない、とがっかりした様子でおっしゃったのです。

「そんなことはないでしょう。しっかりと広がっているじゃないですか」と僕が言うと、「いや、それはこうやって二十五年間続けてきたから、できているふうに見えるけれど、じつはぜんぜん広がっているわけではないんです。自分の工房で学びたいと言ってくれる人はいますが、世の中から見たら私のしていることなんて本当にスケールが小さい。じつは、お菓子にそんな手の込んだことなどしなくてよい、という人のほうがずっと多いのですから」と。

「ビジネス」ということから考えれば、効率よく作ってたくさん売ったほうが成功しているということになります。そして多くの人が、お金もうけ＝成功と考えています。お菓子に限らず、何事においても「たくさん」が悪いことでないのは間違いありません。

それでは、ていねいな仕事をしている彼女のお菓子と効率を優先させるお菓子では、どちらがよいのでしょうか。本当によいものだったら世の中に広がるはずでしょう。きっと多くの人が喜ぶはずでしょう。けれども、必ずしも世の中、そうストレートには行きません。ときにはあなたが信じるよいものと正反対のものが強く支持されることもあるのです。つまり、両者のどちらがよいということは、誰にも判断できないということではないでしょうか。

その話を聞いて、僕も考えさせられました。

じつは、よいものというのは価値観の問題です。正しいもの、上等なものじゃなくてもよい、そう考える価値観が世の中にはあります。気持ちがよければよい、気軽さがよい、ときには、安いものがよい、と考える価値観もあるでしょう。つまり価値を決めるものさしは、けっして一つではないということです。それは、人間の深い心理を突いてくる問題だと思います。

プラスとマイナスがあるように、物事には良いものと悪いものがあると思います。けれどもどちらかを排除しなければいけないというのは、ちょっと違うのです。

そういう世の中で僕らができることとは何でしょうか。それは、いろんな価値観がある世の中のしくみ、そういう社会のありかたを受け入れて、向かい合うために、懸命に学ぶということです。日々突きつけられるさまざまな価値に対して、正しい判断ができるように考える力をつけなければならないということなのです。

僕が大切にしている働きかた

「『暮しの手帖』の編集長を続けていて、胸を張って言えることは何ですか？」と聞かれたら、僕は迷わず、「毎回、初めての気持ちで、これが最後だと思って作っているこ とです」と答えます。いつもこれが最初の仕事、と同時にこれが最後の仕事と思っている、と。

どんなときも「次もある」というふうには考えていません。それはきっと、長年の仕事環境として、僕にはいつも次というものがなかったからでしょう。自分の仕事にクオリティーを欠いてしまったら……そういう危機感が、骨の髄までしっかり浸透していて、仕事への取り組みかたの基本となっています。

自分が胸を張って言えることというのはそれだけしかないのですが、その意識が自分の仕事のクオリティーを磨いてきたとも言えるでしょう。こうして研鑽を積んできたことが、今では僕自身にとっても大切な財産になっているのです。仕事も一期一会ということです。今のあなたの仕事が、自分にとっての最初の仕事であり最後の仕事だと思って励むしかない、ということです。それをいかに楽しむかの工夫を考えるべきなのです。楽しければきっと続けていけるのです。さらに、楽しさは人が与えてくれるものではありません。自分の工夫によって生まれるものです。仕事においても暮らしにおいても、楽しさを人に求めてはいけないのです。

最初で最後の仕事として臨むというのは、最高の仕上がりをめざしてけっして手を抜かないということなのですが、そのように仕事ができているか否かは、完成一歩前でも一からやり直すことができる勇気と柔軟性と気力を持っているかどうかということなのだとも思います。仕事において、もしもあなたが一歩でも前に出たいのであれば、それしかないというのが僕の実感です。

最後の瞬間においても、積み上げてきた仕事を白紙にすることができる――その無理ができるのが「底力」というものです。底力があるかないかは、つまり土壇場でも力が出せるかどうかということなのでしょう。

ですから自分の力が及ばないようなことが起きたとき――たとえば、会社がつぶれそうなとき、ふつうの社員だったら、「自分には何もできないから、しょうがない」と思ってあきらめてしまうかもしれません。けれども社長は違います。何とかしなくてはと、必死に底力をふりしぼります。違いはそこにあるのです。

それでは底力とはいったい何でしょうか。僕は、日々の仕事における当事者意識なのだと思っています。自分のことだと感じられるか感じられないかということです。

当事者意識を持って仕事をしないかぎり、よい仕事はできないでしょうし、よい仕事につきものの高いリスクも背負えないものです。当然のことですが、高いリスクを背負わないかぎり高いリターンも期待できません。それを引き受けられるかどうかが、その人の底力なのだと思います。あなたが底力を出すときには、あらゆる「味方」が総動員して、きっとあなたの力になってくれるのです。

一人ではできないことを実現させるには

家族、友人、社内の人・同僚、クライアント、知り合い・取引先の人、オーディエンス、敵、これらの七つの「外側の味方」に力を貸してもらえれば、自分一人ではできないこと、どう考えても無理だということの多くが実現できるでしょう。

味方に対しては、自分も行動で気持ちを表すというのが大事です。つまり、自分の回りにいる人が、何を大切にしているのだろうと考え続けるのをやめてはいけないのです。行動を起こすためには、その根本に相手が何を大切にしているのだろうということへの配慮が必ず必要なのです。

言葉を変えれば、相手は何を心配していて、何に困っているのだろうということをいつも考えて、今の自分が持っている情報だったり、人脈だったり、お金だったり、時間だったり、体力だったり、そういうものすべてを使って、できることを与え続けること。自分のできる範囲でしてあげる。そうすると、今まで挙げてきた七つの自分の「外側の味方」がより強い自分の味方になってきます。

僕は基本的に人というのは孤独だと思っているし、独りぼっちであるというのは生きていくための条件であるとさえ考えていますが、それでも味方がいるということは、とても心強いものです。何をするにしてもそう思います。それらが、自分にとっても強い力になってくれますから、どんな局面でも底力が出せると信じられるのです。

「運」という実力もある

味方についてのお話を終える前に、「運」のことを少しお話ししましょう。

自分の持っている力を一〇〇だと仮定すると、能力とか実力というものはだいたい六〇くらい。では残りの四〇くらいは何かというと、「運」だと思っています。運というものは目に見えませんし、数値化もできませんから、説明するのはむつかしいものです。ですが、運も自分の力の大切な部分です。

運には、幸運と不運の二種類があって、日々あらゆる面で僕らはそのどちらかを使っています。また幸運と不運の両者はバランスがとれていないといけません。あまりよい運ばかりを使いすぎると、幸運はなくなって不運が大きくなっていきます。同じように、不運も使いすぎるとバランスが崩れ、いずれどちらの運もなくなります。幸運と不運は二つで一つなのです。

よく一週間に一回幸運なことが起こるとか、一年に一度不運なことが起きたとか、そのように言われますが、実際には幸運も不運も同じだけ起きているものです。ただ、成功している人は、今こそチャンスというときに、タイミングよく、よい運を使えるのです。不思議とそのようにコントロールができるのです。

どうしてよい運をコントロールできるのか――それは、ふだんから幸運と不運のバランスを上手にとっていて、たとえばですが、自分でわざと負けることができるからです。彼らは幸運が続いたときは、意識的に先に負けて、自然に起こる不運を防いでいるのです。

わざと勝負で負ける、わざと自分の弱点を見せる。それというのも、その先でとりかえしがつかないような大怪我をするような何かが起きることになっていても、それを小さな怪我で回避できるのです。

この幸運と不運のバランスは、気をつけていれば自分でもわかるといいます。今は自分が負けておいたほうがよい、自分が一歩下がっておいたほうがよいなどという感覚で次の幸運を引きこむのです。

じつは僕も、運というものがここまで人生にかかわってくることは、ある人に教えてもらうまで知りませんでした。考えてもみませんでした。けれども運と不運の関係性や自分がそれとどのように付き合っていくかなどを教えてもらい、毎日意識していくうちに確信が持てるようになったのです。

運は思うとおりにならないというのは間違いです。本当は、自分で使い分けることができるはずなのです。「運」を「味方」にすることは可能なのです。

不運が続いたら

不思議なものですが、幸運も不運も、自分が付き合っていかなければならないものとして考えるべきです。ふだんの暮らしにも、人間関係にも、仕事にも、運は大なり小なり影響を及ぼします。ですから、自分の調子がよいときこそ注意しなければならないときで、よい結果を出し続けているときこそ、一歩下がって人に譲ったり、前に出ていかない細心の注意が必要です。

それでもやはり不運がやってくるときがあると思います。そのときは必ず、好転する糸口を注意深く待つことです。一瞬ですが、不運を幸運に変えるチャンスが目の前を横切ります。そこを絶対に逃さないことです。

そのためには、小さな窓から視野を狭く持ちながらしっかり外を見るように意識し、目の前を通ったこれというものを拾いあげることです。こういう意識を持っていると、じつは不調なときほどチャンスが多いものだとわかります。

今ちょっと失敗が続いていたり、嫌なことばかり起こるというときほど、幸運のチャンスが多いはずなのです。それを絶対に手にするためには、前向きな気持ちで、冷静になって、状況を観察することです。チャンスの種が必ず目の前を横切るはずだと信じることです。

最後に。「なんとかなるさ」は幸せのコツ

運を敵にすると、ふだんの生活でも何をやってもうまくいきません。

運を味方にするために、僕には勝手に決めている条件というのがあります。まずは自分が「健康で元気であること」、「笑顔を絶やさないこと」、それから、「何事からも逃げないこと」です。

とくに最後の、「逃げないこと」は大切で、物事から逃げると運は確実になくなります。逃げるよりも、むしろもがくことをすすめたいです。もがくというのも受け止めるということの一つの形ですから。何か大変なことや、つらいことに当たったとき、逃げるという手もあるのですが、たいていのことは、まず受け止めないと

だめということです。

あとは、「何事にも感謝する」ということでしょうか。

運のあるなしで、運の存在を実感できる人というのは少ないと思うのですが、幸運と不運は、毎日起きています。

先日、とんでもない不運に見舞われました。困ること、それも、自分がとんでもなく困ることが、二度、三度どころか、五度、六度ほどいっぺんに起こったのです。パソコンのハードディスクが全部壊れる。データがすべて飛んでしまう。仕事で使っている高額なカメラが壊れる。車が壊れて困った。誤解が生じて人間関係が壊れる。それから家族との関係が悪くなる。あとは仕事の大とばっちり。

さすがの僕も、金銭的にも、時間的にも、感情的にも、追い詰められましたが、その怒りは何かに向けられるようなものではなくて、ただただ凹むばかりでした。つくづく、「不運が重なる」ということを実感させられたのです。

ところが、よくよく思い出してみると、ついこのあいだまで、幸運が不運以上に重なっていたのです。まるで何かが僕の背中を押してくれているみたいに、今回のトラブル以前の半年はよいことしか起きなかったのです。しかも僕が受けた不運のダメージに比べたら、何十倍もよいことが起きていたのです。

人は勝手なもので、よいことというのは気にしないものです。ついつい当たり前のことだと受け止めてしまいます。

つまり、こういうことだと僕は思いました。物事というのはバランスなのです。必ず中心に整うように力が働くものです。僕にはこの半年くらい、よいことが起きすぎたのです。ですからそれをちょっと整えるために、たったこれだけのことが起きただけですんだ。そう考えることができたら、心がほっとして、ありがたいなと感謝の気持ちが湧いてきました。

つねに自分にとってよいこととよくないことが起きていて、けっして偏ってはいけないということなのでしょう。本来だったら、よいことが起きすぎているのに気がついて、自分のほうから少し引くべきだったのです。それを僕はしなかったので、大きなトラブルに遭ったのでしょう。

そういうふうに運と不運はいつもどちらかが作用していて、そのメーターはなかなか自分で許れませんが、もしも自分が今よいこと尽くめであるならば、自分から少し転んでおくとか、おとなしくしているべきです。

全勝続きというのはよくないことです。自分で気がつかないと、いつかそのゆがみや偏りを正す力が働いて、取り返しのつかないダメージを受けることもあるのですから。

バランスをよく見ながら、自分の運も味方にしなければいけません。

もう一つ、運を味方にする条件があるとするなら、それは、「人のせいにしない」ということです。よいことも悪いことも、すべて自分が原因だと考えることです。人のせいにしていると運はどんどん逃げていくといいます。

人のせいにしないですませるには、何事にも「ありがとう」を忘れないことではないでしょうか。悪いことがあればショックを受けますが、これも自分にとって必要なことだと認めれば、自然に「ありがとう」という気持ちが湧いてきます。

そして、そこで立ち止まらないこと。そう考えると、楽観的であるというのはとても大切なことです。「なんとかなるさ」と考えられることは、きっと幸せのためのコツなのでしょう。なんとかなるさ、できることがあるはずだというふうに。

「内側の味方」と「外側の味方」は、明るく元気な人を好みます。そして、仕事と暮らしを楽しんでいる人に集まるものです。

解説　内側でも外側でもない味方

水野仁輔

ずっと敵だった人たちが一気に味方に変わる瞬間を体験したことがある。

数年前のことだ。新刊の原稿を書いていた僕は、調べ物をしようとネットを眺めていたら、十年ほど前に出した自著に関するレビューを発見した。書き手はカレーの世界では名の知れたブロガーさんだった。面識はないが、ブログの存在は知っていた。

記事を読んでみると、あろうことか、数十行にわたって著書と僕自身への批判がツラツラと書き連ねてあったのだ。驚いた。三十件以上のコメントがついている。もちろん、そこも見た。すると、名だたるカレーブロガーさんがこぞって、「そうだそうだ」とばかりに賛同している。大げさに言えば僕はネット上で袋だたきにあっている状態だった。あまりのことにしばらく声が出なかった。

出版当時、リアルタイムでその状況を目の当たりにしていたら、怒りが込み上げてきたかもしれない。書かれている内容は、ほとんどが誤解に基づくものだったが、そう取られてもおかしくはないという気もした。何年も経過して事態を知ったこともあったし、僕もオトナ（？）になっていたせいか、極めて冷静な気持ちで、僕はそのブログの主にメールを綴った。

記事を読んだことには触れず、「初めまして」と挨拶メールを送ったのだ。

「水野仁輔と申します。ご存知かと思いますが、カレーの活動を色々としているものです。突然メールさしあげたのは、ちょっと相談に乗ってもらいたいことがあるからです。よかったら一度、お会いしてお話しできませんか？」

返事は一か月経っても来なかった。そりゃそうだろう、あれだけ僕に対して否定的な意見を持っている人から返事をもらえると思う方がおかしい。諦めかけた時、返事が来た。内容は意外なものだった。

「僕にできることがあったら何でも協力させてください」

まるで予想していなかった返事にこっちが戸惑ってしまった。僕たちは、新宿のインド料理店で飲んだ。挨拶も乾杯もそこそこに三十分ほど、僕は改めて自己紹介も兼ねて自分の活動スタンスについて話をすると、彼は言い出しにくそうにこんな話をしてくれた。

「僕は長い間、水野さんのことを誤解していました。実は、だいぶ前ですが、水野さんの著書を読んで批判的な記事をブログに書いたことがあるんです」

なんだか嬉しくなってしまって僕も打ち明けた。

「実は、先日、その記事をたまたま読んだんですよ。それがキッカケで連絡したんです」

「ええ⁉　そうだったんですか……」

彼はバツの悪そうな顔をしたが、昔の記事の内容なんてどうでもいいことだった。おかげですっかり打ち解け、僕は彼にやりたい活動の構想を話した。他にカレーの食べ歩きをしている仲間たちにも声をかけてくれないか、と持ちかける。その日は別れ、一週間ほど後にメールが届いた。

「みんな、協力したいと言ってくれました」

改めて僕は、彼と彼の仲間と十人ほどで銀座のカレー専門店で会い、キックオフミーティングをすることになった。十年前にネット上で僕のことを口々に批判した人たちが勢ぞろいしている。誰もそのことに触れる人はいなかった。もちろん僕も。彼らは今もプロジェクトを一緒に進めている頼りになる味方たちである。

今思い起こしても不思議なことだと思う。どうしてあんなことになったのか。モヤモヤしていたことが、『ほんとうの味方のつくり方』を読んで一気にスッキリした。僕が十年越しで経験した稀有な体験がどうして起こり得たのか、軽やかに綴られていたからだ。まるで優しく諭されているような気持ちになった。おかげですっと腑に落ちたが、同時に、松浦弥太郎さんという人がちょっと怖くなった。

これが〝外側の味方〟に関する僕の体験談である。

一方、〝内側の味方〟については、これまで考えたこともなった。だから松浦さんと同じように九つの要素を洗い出し、優先順位をつけてみることにした。本書にある通り、真剣にやり始めるとこれがなかなか大変な作業だ。いくつものキーワードを出しては引っ込め、入れ替え、ひねり出してみる。ちょっと違う気がするな、とか、ああ、これがあった！　とか。試行錯誤して、以下の通り。

1　好奇心
2　時間
3　健康
4　美意識
5　お金
6　根気
7　知見
8　音楽
9　情報

うん、こんな感じかな、という気もするし、いや、ちょっと格好つけてるな、と思ったりもする。あれこれ考えている間にも頭の中に松浦さんがちらつく。なんか全部、見透かされているような気がしてしまう。本書の中で最もグサリと自分の胸に刺さった言葉が次のものである。

「あなたにも理念は必要です」

理念のようなものは自分でも長年、ぶれずに持ち続けているつもりではいる。でも、言葉化してみようと試みると、的確な表現が出てこない。松浦さんの理念は、「正直、親切、笑顔、今日もていねいに」だという。上手にコピーライティングしてもしかたないわけだから、言葉にしたものを携えて日々の活動の糧にしていかなければあんな素敵な響きを持つ理念にはなり得ないのだろう。僕にとっては当面の課題となった。

本書を二度読んで、気づいたことがある。そうか、この一冊を読めば、ひとまず誰もが〝松浦弥太郎〟という人物を味方につけることができるというわけだ。この味方は、きっと自分の内側にいるわけでも外側にいるわけでもない。でもここから本当の味方づくりをスタートできるのはとっても心強いことだろう。

【本文中の作品】
p13　Untitled 2010
p20　Untitled 2010
p51　Untitled 2010
p73　Untitled 2010
p96　Untitled 2010
p118 Untitled 2010
p135 Untitled 2010
p163 Untitled 2010
p189 Untitled 2010
南川史門

協力 MISAKO & ROSEN

【本文デザイン】
櫻井久、中川あゆみ

この作品は二〇一四年三月二十五日、筑摩書房より刊行された。

思考の整理学　外山滋比古
アイディアを軽やかに離陸させ、思考をのびのびと飛行させる方法を、広い視野とシャープな論理で知られる著者が、明快に提示する。

質問力　齋藤孝
コミュニケーション上達の秘訣は質問力にあり！これさえ磨けば、初対面の人からも深い話が引き出せる。話題の本の、待望の文庫化。（斎藤兆史）

整体入門　野口晴哉
日本の東洋医学を代表する著者による初心者向け野口整体のポイント。体の偏りを正す基本の「活元運動」から目的別の運動まで。（伊藤桂一）

命売ります　三島由紀夫
自殺に失敗し、「命売ります。お好きな目的にお使い下さい」という突飛な広告を出した男のもとに、現われたのは？（種村季弘）

こちらあみ子　今村夏子
あみ子の純粋な行動が周囲の人々を否応なく変えていく。第26回太宰治賞、第24回三島由紀夫賞受賞作。書き下ろし「チズさん」収録。（町田康／穂村弘）

ベルリンは晴れているか　深緑野分
終戦直後のベルリンで恩人の不審死を知ったアウグステは彼の甥に訃報を届けに陽気な泥棒と旅立つ。歴史ミステリの傑作が遂に文庫化！（酒寄進一）

向田邦子ベスト・エッセイ　向田邦子　向田和子編
いまも人々に読み継がれている向田邦子。その随筆の中から、家族、食、生き物、こだわりの品、旅、仕事、私……、といったテーマで選ぶ。（角田光代）

倚りかからず　茨木のり子
もはや／いかなる権威にも倚りかかりたくはない……話題の単行本に3篇の詩を加え、高瀬省三氏の絵を添えて贈る決定版詩集。（山根基世）

るきさん　高野文子
のんびりしていてマイペース、だけどどっかヘンテコな、るきさんの日常生活って？　独特な色使いが光るオールカラー。ポケットに一冊どうぞ。

劇画　ヒットラー　水木しげる
ドイツ民衆を熱狂させた独裁者アドルフ・ヒットラーとはどんな人間だったのか。ヒットラー誕生からその死まで、骨太な筆致で描く伝記漫画。

ねにもつタイプ　岸本佐知子

何となく気になることにこだわる、ねにもつ。思索、奇想、妄想はばたく脳内ワールドをリズミカルな名短文でつづる。第23回講談社エッセイ賞受賞。

TOKYO STYLE　都築響一

小さい部屋が、わが宇宙。ごちゃごちゃと、しかし快適に暮らす、僕らの本当のトウキョウ・スタイルはこんなものだ！　話題の写真集文庫化！

自分の仕事をつくる　西村佳哲

仕事をすることは会社に勤めること、ではない。仕事を「自分の仕事」にできた人たちに学ぶ、働き方のデザインの仕方とは。（稲本喜則）

世界がわかる宗教社会学入門　橋爪大三郎

宗教なんてうさんくさい⁉　でも宗教は文化や価値観の骨格であり、それゆえ紛争のタネにもなる。世界宗教のエッセンスがわかる充実の入門書。

ハーメルンの笛吹き男　阿部謹也

「笛吹き男」伝説の裏に隠された謎はなにか？　十三世紀ヨーロッパの小さな村で起きた事件を手がかりに中世における「差別」を解明。（石牟礼道子）

増補　日本語が亡びるとき　水村美苗

明治以来豊かな近代文学を生み出してきた日本語が、いま、大きな岐路に立っている。我々にとって言語とは何なのか。第8回小林秀雄賞受賞作に大幅増補。

子は親を救うために「心の病」になる　高橋和巳

子は親が好きだからこそ「心の病」になり、親を救おうとしている。精神科医である著者が説く、親子という「生きづらさ」の原点とその解決法。

クマにあったらどうするか　姉崎等　片山龍峯

「クマは師匠」と語り遺した狩人が、アイヌ民族の知恵と自身の経験から導き出した超実践クマ対処法。クマと人間の共存する形が見えてくる。（遠藤ケイ）

脳はなぜ「心」を作ったのか　前野隆司

「意識」とは何か。どこまでが「私」なのか。死んだら「心」はどうなるのか。――「意識」と「心」の謎に挑んだ話題の本の文庫化。（夢枕獏）

モチーフで読む美術史　宮下規久朗

絵画に描かれた代表的な「モチーフ」を手掛かりに美術を読み解く、画期的な名画鑑賞の入門書。カラー図版約１５０点を収録した文庫オリジナル。

トランプ自伝
ドナルド・トランプ／トニー・シュウォーツ
相原真理子訳
一代で巨万の富を築いたアメリカの不動産王ドナルド・トランプが、その華麗なる取引の手法を赤裸々に明かす。（ロバート・キヨサキ）

スタバではグランデを買え！
吉本佳生
身近な生活で接するものやサービスの価格を、やさしい経済学で読み解く。「取引コスト」という概念で学ぶ、消費者のための経済学入門。（西村喜良）

「社会を変える」を仕事にする
駒崎弘樹
元ITベンチャー経営者が東京の下町で始めた「病児保育サービス」が全国に拡大。「地域を変える」が「世の中を変える」につながった。

戦略読書日記
楠木建
『一勝九敗』から『日本永代蔵』まで。競争戦略の第一人者が自著を含む22冊の本との対話を通じて考えた戦略と経営の本質。（出口治明）

仕事に生かす地頭力
細谷功
仕事とは何なのか？　本当に考えるとはどういうことか？　ストーリー仕立てで地頭力の本質を学び、問題解決能力が自然に育つ本。（海老原嗣生）

増補　転落の歴史に何を見るか
齋藤健
奉天会戦からノモンハン事件に至る34年間、日本は内発的改革を試みたが失敗し、敗戦に至った。近代史を様々な角度から見直し、その原因を追究する。

座右の古典
鎌田浩毅
読むほどに教養が身につく！　古今東西の必読古典50冊を厳選し項目別に分かりやすく解説。京大人気教授が伝授する、忙しい現代人のための古典案内。

新版　一生モノの勉強法
鎌田浩毅
京大人気№1教授が長年実践している時間術、ツール術、読書術から人脈術まで、最適の戦略を余すところなく大公開。「人間力を磨く」学び方とは？

「読まなくてもいい本」の読書案内
橘玲
時間は有限だから「古いパラダイムで書かれた本」は捨てよう！　「今、読むべき本」が浮かび上がる驚きの読書術。文庫版書き下ろしを付加。（吉川浩満）

ほんとうの味方のつくりかた
松浦弥太郎
一人の力は小さいから、豊かな人生に〈味方〉の存在は欠かせません。若い君に贈る、大切な味方の見つけ方と育て方を教える人生の手引書。（水野仁輔）

品切れの際はご容赦ください

体癖　野口晴哉

整体の基礎的な体の見方、「体癖」とは？　人間の体をその構造や感受性の方向によって、12種類に分ける。それぞれの個性を活かす方法とは？（加藤尚宏）

風邪の効用　野口晴哉

風邪は自然の健康法である。風邪をうまく経過すれば体の偏りを修復できる。風邪を通して人間の心と体を見つめた、著者代表作。（伊藤桂一）

回想の野口晴哉　野口昭子

〝野口整体〟の創始者・野口晴哉の妻が、晴哉の幼少期から晩年までを描いた伝記エッセイ。「気」の力に目覚め、整体の技を大成、伝授するまで。

整体から見る気と身体　片山洋次郎

「整体」は体の歪みの矯正ではなく、歪みを活かしてのびのびした体にする。老いや病はプラスにもなる。滔々と流れる生命観。よしもとばなな氏絶賛！

日々の整体　決定版　片山洋次郎

朝・昼・晩、自分でできる整体の決定版。呼吸と簡単なメソッドで、ストレスや疲労から心身を解放する。イラスト満載。（小川美潮）

自分にやさしくする整体　片山洋次郎

こんなに簡単に自分で整体できるとは！　「脱ストレッチ」など著者独自の方法も。肩こり、腰痛など症状別チャート付。（甲田益也子）

大和なでしこ整体読本　三枝誠

体が変われば、心も変わる。「野口整体」「養神館合気道」などをベースに多くの身体を観てきた著者が、簡単に行える効果抜群の健康法を解説。

東洋医学セルフケア365日　長谷川淨潤

風邪、肩凝り、腹痛など体の不調を自分でケアできる方法満載。整体、ヨガ、自然療法等に基づく呼吸法、運動等で心身が変わる。索引付。必携！

身体能力を高める「和の所作」　安田登

なぜ能楽師は80歳になっても颯爽と舞うことができるのか？　「すり足」「新聞パンチ」等のワークで大腰筋を鍛え集中力をつける。（内田樹）

わたしが輝く オージャスの秘密　服部みれい　蓮村誠 監修

インドの健康法アーユルヴェーダでオージャスとは生命エネルギーのこと。オージャスを増やして元気で魅力的な自分になろう。モテる！　願いが叶う！

あたらしい自分になる本 増補版　服部みれい
著者の代表作。心と体が生まれ変わる知恵の数々。文庫化にあたり新たな知恵を追加。冷えとり、アーユルヴェーダ、ホ・オポノポノetc.（辛酸なめ子）

わたしの中の自然に目覚めて生きるのです 増補版　服部みれい
生き方の岐路に立ったら。毎日の悩みにも。自分の中の「自然」が答えてくれる。心身にも、人間関係にも役立つ。推薦文＝北山耕平、吉本ばなな

自由な自分になる本 増補版　服部みれい
呼吸法、食べもの、冷えとり、数秘術、前世療法などで、からだもこころも魂も自由になる。文庫化にあたり一章分書き下ろしを追加。（川島小鳥）

酒のさかな　高橋みどり
ささっと切ったり合わせたり、気のきいた器にちょっと盛ればでき上がり。ついつい酒が進む、名店「にぼし」店主・船田さんの無敵の肴98品を紹介。

くいしんぼう　高橋みどり
高望みはしない。ゆでた野菜を盛るくらい。でもごはんはちゃんと炊く。料理する、食べる、それを繰り返す、読んでおいしい生活の基本。（高山なおみ）

大好きな野菜 大好きな料理　有元葉子
この野菜ならこの料理！　29の野菜について、味の方向や調理法を変えたベストな料理を3つずつご紹介。あなたの野菜生活が豊かに変わります。

母のレシピノートから　伊藤まさこ
ロールキャベツやゆで卵入りのコロッケ……家族のために作られた懐かしい味の記憶とレシピ。文庫化にあたり、さらに新たな味わいを大幅加筆。

北京の台所、東京の台所　ウー・ウェン
料理研究家になるまでの半生、文化大革命などの出来事、北京の人々の暮らしの知恵、日中の料理について描く。北京家庭料理レシピ付。（木村衣有子）

ひきこもりグルメ紀行　カレー沢薫
博多通りもんが恋しくて――。家から一歩も出たくない漫画家が「おとりよせ」を駆使してご当地グルメを味わい尽くす〝ぐうたら系〟食コラム。

味見したい本　木村衣有子
読むだけで目の前に料理や酒が現れるかのような食の本についてのエッセイ。古川緑波や武田百合子の食卓。居酒屋やコーヒーの本も。帯文＝高野秀行

年収90万円でハッピーライフ　大原扁理

世界一周をしたり、隠居生活をしたり。「フツー」に進学、就職してなくても毎日は楽しい。ハッピー思考術と、大原流の衣食住で楽になる。（小島慶子）

ぼくたちは習慣で、できている。増補版　佐々木典士

先延ばししてしまうのは意志が弱いせいじゃない。良い習慣を身につけ、悪い習慣をやめるステップを55に増補。世界累計部数20万突破。（pha）

ぼくたちに、もうモノは必要ない。増補版　佐々木典士

23カ国語で翻訳。モノを手放せば、毎日の生活も人との関係も変わる。手放す方法最終リストを大幅増補し、80のルールに！（やまぐちせいこ）

はたらかないで、たらふく食べたい増補版　栗原康

カネ、カネ、カネの世の中で、ムダで結構。無用で上等。爆笑しながら解放される痛快社会エッセイ。文庫化にあたり50頁分増補。（早助よう子）

半農半Xという生き方【決定版】　塩見直紀

農業をやりつつ好きなことをする「半農半X」を提唱した画期的な本。就職以外の生き方、転職、移住後の生き方として。帯文＝藻谷浩介（山崎亮）

減速して自由に生きる　髙坂勝

自分の時間もなく働く人生よりも自分の店を持ち人と交流したいと開店。具体的なコツと、独立した生き方。一章分加筆。帯文＝村上龍（山田玲司）

自作の小屋で暮らそう　高村友也

好きなだけ読書したり寝たりできる。誰にも文句を言われず、毎日生活ができる。そんな場所の作り方。推薦文＝髙坂勝（かとうちあき）

ナリワイをつくる　伊藤洋志

暮らしの中で需要を見つけ月3万円の仕事を作り、それを何本か持てば生活は成り立つ。DIY・複業・お裾分けを駆使し仲間も増える。（鷲田清一）

現実脱出論増補版　坂口恭平

「現実」それにはバイアスがかかっている。目の前の「現実」が変わって見える本。文庫化に際し一章分「現実創造論」を書き下ろした。（安藤礼二）

自分をいかして生きる　西村佳哲

「いい仕事」には、その人の存在まるごと入ってるんじゃないか。『自分の仕事をつくる』から6年、長い手紙のような思考の記録。（平川克美）

かかわり方のまなび方　西村佳哲

「仕事」の先には必ず人が居る。自分を人を十全に活かすこと。それが「いい仕事」につながる。その方策を探った働き方研究第三弾。（向谷地生良）

人生をいじくり回してはいけない　水木しげる

水木サンが見たこの世の地獄と天国。人生、自然の流れに身を委ね、のんびり暮らそうというエッセイ。推薦文＝外山滋比古、中川翔子（大泉実成）

「ひきこもり」救出マニュアル〈実践編〉　斎藤環

「ひきこもり」治療に詳しい著者が、具体的な疑問に答えた、本当に役に立つ処方箋。理論編に続く、実践編。参考文献、「文庫版　補足と解説」を付す。

ひきこもりはなぜ「治る」のか？　斎藤環

「ひきこもり」研究の第一人者の著者が、ラカン、コフート等の精神分析理論でひきこもる人の精神病理を読み解き、家族の対応法を解説する。（井出草平）

人は変われる　高橋和巳

人は大人になった後でこそ、自分を変えられる。多くの事例をあげ「運命を変えて、どう生きるか」を考察した名著、待望の文庫化。（中江有里）

消えたい　高橋和巳

自殺欲求を「消えたい」と表現する、親から虐待された人々。彼らの育ち方、その後の人生、苦しみを丁寧にたどり、人間の幸せの意味を考える。（橋本治）

家族を亡くしたあなたに　キャサリン・M・サンダーズ　白根美保子訳

家族や大切な人を失ったあとには深い悲しみが長く続く。悲しみのプロセスを理解し乗り越えるための、思いやりにあふれたアドバイス。（中下大樹）

加害者は変われるか？　信田さよ子

家庭という密室で、DVや虐待は起きる。「普通の人」がなぜ？　加害者を正面から見つめ分析し、再発を防ぐ考察につなげた、初めての本。（牟田和恵）

パーソナリティ障害がわかる本　岡田尊司

性格は変えられる。「パーソナリティ障害」を「個性」に変えるために、本人や周囲の人がどう対応し、どう工夫したらよいかがわかる。（山登敬之）

生きるかなしみ　山田太一編

人は誰でも心の底に、様々なかなしみを抱きながら生きている。「生きるかなしみ」と真摯に直面し、人生の幅と厚みを増した先人達の諸相を読む。

ちくま文庫

ほんとうの味方《みかた》のつくりかた

二〇一七年十月十日　第一刷発行
二〇二四年十月二十日　第十刷発行

著　者　松浦弥太郎（まつうら・やたろう）
発行者　増田健史
発行所　株式会社　筑摩書房
東京都台東区蔵前二―五―三　〒一一一―八七五五
電話番号　〇三―五六八七―二六〇一（代表）
装幀者　安野光雅
印刷所　三松堂印刷株式会社
製本所　三松堂印刷株式会社

ISBN978-4-480-43473-9　C0195